Kadohofanan F. Dagnogo Ouattara

MAMA DAGNOGO, un guerisseur réputé

Kadohofanan F. Dagnogo Ouattara

MAMA DAGNOGO, un guerisseur réputé

Éditions Muse

Imprint

Cover image: www.ingimage.com

Publisher:
Éditions Muse
is a trademark of
Dodo Books Indian Ocean Ltd. and OmniScriptum S.R.L publishing group

120 High Road, East Finchley, London, N2 9ED, United Kingdom
Str. Armeneasca 28/1, office 1, Chisinau MD-2012, Republic of Moldova, Europe
Printed at: see last page
ISBN: 978-620-4-96272-6

Dédicace

Je dédie cet ouvrage à mon défunt père.
Que Dieu l'agrée et l'accueille dans son paradis Firdaous !
Je la dédie également à mes frères, à mes sœurs, à tous ceux qui ont connu ou pas mon père et qui regrettent aujourd'hui son départ en au-delà.

Avant-propos

Amadou Hampâté Bâ le disait si bien : « en Afrique, un vieillard qui meurt, c'est une bibliothèque qui brûle ». Cette assertion trouve tout son sens quand on retrace le parcours, les connaissances de Mama Dagnogo. L'histoire de ce vieillard empli de science s'est révélée comme une épopée au Nord de la Côte d'Ivoire qui mérite d'être à jamais consigné dans des écrits.

Cet homme aura marqué les esprits à telle enseigne que ces prouesses continuent d'alimenter les causeries dans les regroupements de quartier. De bouche à oreilles, elles sont contées dans les familles.

Cet ouvrage s'adresse non seulement à notre génération, mais également à la génération future souvent en perte de vitesse. Il leur servira de boussole pour mieux s'orienter dans la vie.

Il est aussi un témoignage vivant de la fille de Mama Dagnogo qui a vécu ses instants sensationnels avec lui, parfois en tant qu'observatrice ou même en tant que partie prenante. Ce récit pourrait paraître un récit imaginaire, mais il en est pas un.

C'est pourquoi, dix ans après la mort de Mama Dagnogo, j'ai jugé bon de lui consacrer des ouvrages afin de perpétuer ses œuvres.

L'homme fut bon, altruiste et combattant pour la justice. Toujours aux côtés des plus faibles, il a su bercer l'enfance de plusieurs générations qui se reconnaissent en lui.

Cet ouvrage est sous-titré et écrit dans un style afin d'offrir une lecture plus agréable. Il est décliné en plusieurs tomes. Celui-ci est donc le tome 1 comportant des termes en langues malinké et sénoufo traduits directement dans le texte ou en bas de page.

Bonne lecture !

Mama Dagnogo ou les mystères de la vie

Mama Dagnogo et la gnoséologie

Quatre modes de connaissance sont perceptibles dans la gnoséologie musulmane selon le philosophe iranien Nasir Al Tusi et ils sont symbolisés par quatre boissons. Cependant, je ne me limiterai qu'aux trois premiers modes.

Le premier est la connaissance sensible des phénomènes par les cinq sens du corps et la faculté rationnelle de l'esprit. C'est qu'il désigne par la science. Elle est symbolisée par l'eau claire, facile à absorber.

Le deuxième est la connaissance intuitive par la faculté d'imagination. C'est le domaine de l'art, de la littérature et de la philosophie au sens courant du mot. Elle est donc symbolisée par le lait, boisson plus nutritive.

Le troisième est l'étude objective de l'expérience suprasensible des prophètes, des savants et de leur enseignement. C'est la philosophie au sens étymologique du mot c'est-à-dire l'amour de la sagesse divine. Elle est symbolisée par le miel, aliment encore plus nutritif et aussi délicieux.

LE DECLIC

« Ce que vous poursuivez dehors se trouvent à votre portée dans ma cour »

Une capacité de narration aiguisée

J'aurais pu profiter de pas mal de choses de mon père si seulement si j'avais mis à profit toutes les années passées à ses côtés. Je me souviens encore que mes plus belles rédactions au Secondaire, je les avais faites sur la base des récits de mon père surtout en Histoire. Il avait vraiment cette capacité aiguisée de restitution dans l'oral.

Mon père n'avait jamais cru en l'école jusqu'à sa mort. Il disait toujours qu'il nous avait scolarisés sous la pression de nos mamans. Il nous contait tous les jours son exemple et c'était cette voie qu'il conseillait aux garçons. Pour lui, ce que ce que nous recherchions dehors était là tout près de nous dans la cour. Quelque chose que je n'ai jamais su comprendre et que je continue de creuser le sens même aujourd'hui encore.

En classe de Seconde, le professeur d'Histoire-Géographie nous avait donné un devoir de maison qui consistait à raconter l'origine de notre village. Ce jour-là, je vins vers mon père et lui demanda de me faire le récit de la création de notre village.

- Bah, mon professeur d'Histoire-Géographie dit de raconter l'histoire de notre village et il va nous noter.

- Qui est-il lui pour vous demander cela ?

Je baissai ma tête ne sachant pas quoi lui répondre.

En fait, le concept d'ivoirité était très en vogue en ce moment. Et pour lui, c'était encore une manière de stigmatiser les Nordistes.

- Bah, ce n'est pas ce que tu penses hein. Le professeur veut que nous fréquentions le village pour savoir qui nous sommes réellement, lui lançai-je.

Lorsqu'il entendit cela, il me regarda profondément et lâchât ces mots :

- Demain on verra ça.

J'étais très contente de savoir que mon père m'accompagnerait dans mon exercice et j'imaginais déjà le texte de son récit car il avait l'art de la narration.

Le lendemain, je pris un cahier, un stylo et m'installai dans sa maisonnette, là où il pratiquait ses séances de soins. Mon père était un grand guérisseur réputé dans la région du Poro. L'efficacité de ses potions avait permis d'asseoir sa notoriété dans la région.

C'était un homme beau, d'un teint noir et très charismatique. Il vint s'asseoir dans sa chaise et commença à me narrer l'histoire de mon village. Je prenais mes notes jusque dans les moindres détails. Par la suite, grâce au récit de mon père, j'ai pu décrocher la plus forte note de ce devoir à la maison.

Venons-en aux faits, mon père pratiquait la gnoséologie et il s'y connaissait. Nous exprimons d'une manière ou d'une autre les causes de notre condition et pour les détecter, il faut savoir observer. Les hommes parcouraient des kilomètres et des kilomètres pour venir uniquement profiter de ses enseignements. Certains prenaient plaisir à l'écouter pendant de longues heures tandis que d'autres étaient là pour se soigner ou échapper à la sorcellerie.

Parlant de sorcellerie, nous voyions toujours des choses inhabituelles. Bah pouvait se réveiller avec des déchirures sur le visage. Lorsqu'on lui demandait ce qui s'était passé, il répondait qu'il s'était battu avec des sorciers la nuit. C'était un homme dévoué pour la cause des autres. Mes mamans s'en plaignaient souvent, mais son sens de l'altruisme était d'un autre cran.

Les malades qui lui parvenaient retournaient chez eux en pleine santé. En voyant un malade il savait détecter de quoi il souffrait et la plante qui pouvait le remettre sur pied. En vérité, il était issu d'une famille de guérisseur puisque son grand-père, son père y compris son grand-frère avaient tous exercé le même métier.

Bah était très courageux, respectueux de son aîné. D'ailleurs, il traitait ce dernier comme leur défunt père. En fait, c'était une famille composée de quatre enfants dont deux filles et deux garçons. Bah était un gros travailleur. Dès son jeune âge, il effectuait les travaux champêtres pour ses parents. Il avait marqué les jeunes de sa promotion par sa bravoure au champ. Il réussissait à défricher plusieurs hectares en moins de temps. La daba n'avait aucun secret pour lui.

Si vous voulez rentrer dans le secret de l'apprentissage, faites de la soumission votre allié. Le respect des parents était sacré pour lui à tel point qu'il suffisait que son père ou sa mère interviennent pour qu'il renonce à une discorde entre lui et ses frères. Cela m'a permis de comprendre plus tard pourquoi il était si puissant et invincible. Oui, la bénédiction de ses parents, il en avait bénéficié. Il était très attaché à ses parents même après leur mort. Chaque lundi et jeudi, il faisait des sacrifices pour son père et sa mère. Cette habitude s'était très vite transformée en un réflexe pour lui.

Bah ne savait pas faire les choses à moitié. Il disait que toute chose que l'on veuille faire, il faut le faire à fond, en grand et non de façon humiliante. Il racontait que tous les hommes étaient de passage sur cette terre et que seuls ceux qui laissaient leurs empreintes de par leurs actions étaient ceux qu'on n'oubliait jamais.

Parmi sa clientèle, il savait reconnaître ceux qui n'avaient aucun moyen pour faire face aux frais de leur soin. Pour ces personnes, il s'occupait d'eux jusqu'à ce qu'ils retrouvent la guérison. Son sens de l'altruisme était très élevé.

Bah disait qu'il ne faisait de mal à personne, toutefois ceux qui s'attaquaient à lui n'étaient victimes que de leurs propres actions.

J'aurais voulu montrer à Bah combien que sa perception de l'école était erronée. Hélas ! Mais, en regardant les choses de près, n'avait-il pas eu raison trop tôt ? Aucun des enfants qu'il avait scolarisés n'avaient réussi à lui présenter le meilleur de l'école. En tout cas, il n'a pas profité de son investissement concernant l'école. Il était fier de dire à qui voulait l'entendre que lui Bah était illettré, mais il était toujours sollicité par ceux qui se faisaient passer pour des lettrés et haut-placés de la société.

Bah intervenait à plusieurs niveaux, surtout pour ce qui concerne les conflits fonciers car comme je vous l'ai dit au départ, il maîtrisait l'histoire. Il savait restituer les faits avec exactitude dans le temps et il avait une mémoire très fertile. Je me souviens encore que c'était à la suite d'un conflit foncier que Bah s'était révélé comme un vrai homme, pas ceux qui prennent leurs jambes à leur cou au moindre coups de fusil. Un conflit foncier avait opposé deux parties au village. Cependant, la partie qui détenait la vérité était la plus faible.

Ainsi, tous ceux qui essayaient de les aider mourraient la veille de leur entreprise. Ces personnes décidaient alors de venir voir le vieux (mon père) afin qu'il leur prête une main forte surtout que personne ne voulait perdre sa vie dans cette affaire. Bah accepta de les aider. Quand l'adversaire apprit qu'il avait donné sa caution, il envoya des émissaires afin de dissuader mon père au risque de perdre sa vie. Il répondit à ceux-ci :

- Quand j'ai fini de dire oui, je vais jusqu'au bout.

Les émissaires se rendirent alors chez son grand-frère pour qu'il raisonne son petit-frère, mais ce dernier resta catégorique sur sa position. Malgré les nombreuses mises en garde de l'adversaire, le vieux restait serein sur sa décision.

Alors, ce dernier entreprit de l'éliminer vu qu'il voulait lui faisait ombrage.

Après ses préparations dans la case, il sortit et se mit à chanter en langue. Ce jour-là, le tonnerre avait grondé. Le bruit violent des arbres témoignait que quelque chose de terrible était sur le point de se produire. On entendait les villageois dirent : " Dieu de nos ancêtres, c'est la fin pour cet homme. Pourquoi, a-t-il accepté de se mêler de cette affaire qui attire le malheur ?" C'était la fin pour mon père.

La certitude d'avoir atteint l'ennemi battait son plein que l'adversaire s'asseya sur sa chaise pour savourer les derniers instants de Bah. C'était le retour à l'envoyeur. Il venait de mourir, la bouche ouverte.

Bah disait qu'il ne faisait de mal à personne, toutefois ceux qui s'attaquaient à lui n'étaient victimes que de leurs propres actions.

BAH ET SON SENS DE L'INTEGRITE

Un mort qui continue de profiter aux vivants n'est pas un mort ordinaire, avait conclu un oncle. Pour la petite parenthèse, ce dernier s'était rendu à Abidjan en vue de s'établir un passeport. Il avait parcouru la distance entre Korhogo et Abidjan pour ce papier. Une fois à Cocody, il était anxieux à l'idée de devoir attendre encore quelques jours pour pouvoir obtenir son passeport. Après avoir remis ses dossiers au réceptionniste, ce dernier s'exclama :

- Dagnogo ! Je connaissais un vieux portant ce nom à Korhogo, mais malheureusement il est présentement décédé. Il habitait au quartier Soba.

À ce moment précis, il resta triste pendant quelques minutes. Puis, continua :

- Ce vieux-là...

En entendant ces propos, mon oncle eut un air détendu subitement. Il savait que son problème allait bientôt trouver une solution.

- C'était mon grand-frère. S'était-il empressé de dire.

- Ah bon ! Ce vieil homme m'a laissé une très bonne impression. Malheureusement, on ne trouve plus ces genres de vieillards de nos jours.

- Oui, c'est la vérité, avait murmuré mon oncle.

- À cause du vieux, tu auras ton passeport aujourd'hui même.

- Eh, merci beaucoup !- Dis merci au vieux car ce qu'il a fait pour moi est inoubliable.

Mon oncle fait toujours un retour rétrospectif de cette histoire qui est restée gravée dans sa mémoire comme son prénom.

Bah était un homme multidimensionnel malgré son illettrisme. Il était aussi un politicien fin. Sa capacité de mobilisation avait très vite séduit les autorités politiques de l'époque. On le désigna comme secrétaire général de section du PDCI-RDA à Korhogo. C'est d'ailleurs avec une grande fierté qu'il brandissait ce titre.

Secrétaire « zendramane[1] », c'est moi. « Y en a pas quelqu'un ».

J'ai vu Bah parcourir villages et hameaux pour le PDCI-RDA durant les campagnes électorales. « PDCI toujours. Ça n'a pas « sanzé[2] » », cette phrase était devenu un slogan pour lui.

La parole était sacrée pour lui. Il détestait se dédire. Il soutenait que lorsqu'un homme a pris une décision, il doit aller jusqu'au bout sans revenir sur cette décision. C'est d'ailleurs pourquoi la naissance du Rassemblement des Républicains n'a pas suffi à lui faire retrousser ses manches. Il disait qu'il craignait tout ce qui était nouveau et amenait à se dédire.

Malgré les différentes péripéties de la crise militaro-politique qu'a connu notre pays, Bah, quel que soit l'aide qu'il a pu apporter aux

---

[1] *Général*
[2] *Changé*

forces belligérantes, est resté toujours PDCI comme il aimait le dire lui-même.

Son intégrité, sa loyauté et son sens du devoir étaient irréprochables. Plusieurs tentatives de le faire basculer dans la mouvance du nouveau parti avaient échoué. Jusqu'à sa mort il s'était toujours réclamé du PDCI-RDA.

Un « oui » chez Bah était suivi d'actions concrètes et un "non" d'inaction. Pour lui, la trahison n'existait que pour les lâches, l'intégrité pour les vrais hommes. Il disait que le traître trahit parce qu'il veut se tirer d'affaire afin de faire bonne impression, contrairement au vrai homme qui assume ses décisions jusqu'à imposer sa propre vision des choses.

Bah disait fièrement qu'il ne se précipitait jamais sur une autorité aussi puissante qu'elle soit car lui Bah savait ce qu'il représentait y compris le savoir dont il était le gardien.

Une chose m'impressionnait chez lui, c'était sa capacité de discrétion. Il savait tellement de choses, mais n'osait en parler à personne. En fait, il faisait un tri parmi ce qu'il devait dire à un moment donné, ce qu'il ne faut jamais dire et ce qu'il faut dire. De nos jours, j'ai constaté que moins sont ceux qui font attention à ces trois dimensions de la parole. Ils disent et ils disent carrément tous...Bah disait qu'il ne faisait de mal à personne, toutefois ceux qui s'attaquaient à lui n'étaient victimes que de leurs propres actions.

J'aurais voulu montrer à Bah combien sa perception de l'école était erronée. Hélas ! Mais, en regardant les choses de près, n'avait-il pas eu raison trop tôt ? Aucun des enfants qu'il avait scolarisés n'avaient réussi à lui présenter le meilleur de l'école. En tout cas, il n'a pas profité de son investissement concernant l'école. Il était fier de dire à qui voulait l'entendre que lui Bah était illettré, mais il était toujours sollicité par ceux qui se faisaient passer pour des lettrés et haut-placés de la société.

Bah intervenait à plusieurs niveaux, surtout pour ce qui concerne les conflits fonciers car comme je vous l'ai dit au départ, il maîtrisait l'histoire. Il savait restituer les faits avec exactitude dans le temps et il avait une mémoire très fertile. Je me souviens encore que c'était à la suite d'un conflit foncier que Bah s'était révélé comme un vrai homme, pas ceux qui prennent leurs jambes à leur cou au moindre coups de fusil. Un conflit foncier avait opposé deux parties au village. Cependant, la partie qui détenait la vérité était la plus faible.

Ainsi, tous ceux qui essayaient de les aider mourraient la veille de leur entreprise. Ces personnes décidaient alors de venir voir le vieux (mon père) afin qu'il leur prête une main forte surtout que personne ne voulait perdre sa vie dans cette affaire. Bah accepta de les aider. Quand l'adversaire apprit qu'il avait donné sa caution, il envoya des émissaires afin de dissuader mon père au risque de perdre sa vie. Il répondit à ceux-ci :

- Quand j'ai fini de dire oui, je vais jusqu'au bout.

Les émissaires se rendirent alors chez son grand-frère pour qu'il raisonne son petit-frère, mais ce dernier resta catégorique sur sa position. Malgré les nombreuses mises en garde de l'adversaire, le vieux restait serein sur sa décision.

Alors, ce dernier entreprit de l'éliminer vu qu'il voulait lui faisait ombrage.

Après ses préparations dans la case, il sortit et se mit à chanter en langue. Ce jour-là, le tonnerre avait grondé. Le bruit violent des arbres témoignait que quelque chose de terrible était sur le point de se produire. On entendait les villageois dirent : " Dieu de nos ancêtres, c'est la fin pour cet homme. Pourquoi, a-t-il accepté de se mêler de cette affaire qui attire le malheur ?" C'était la fin pour mon père.

La certitude d'avoir atteint l'ennemi battait son plein que l'adversaire s'asseya sur sa chaise pour savourer les derniers instants de Bah. C'était le retour à l'envoyeur. Il venait de mourir, la bouche ouverte.

Bah disait qu'il ne faisait de mal à personne, toutefois ceux qui s'attaquaient à lui n'étaient victimes que de leurs propres actions.

L'HUMANISME DE L'HOMME

Mon père était un homme, un homme vrai dans ses actions, mais également dans l'expression de ses sentiments. Pour lui, le bien retournait toujours là où il avait été bien servi. C'est pourquoi, il ne se décourageait jamais d'œuvrer pour le bien-être des autres. Cependant, au fil du temps et à mesure qu'il avait été victime de l'ingratitude des personnes pour qui il s'était besogné pour leur sauver la vie, Bah avait commencé à être méfiant.

Un jour, un homme ayant parcouru plusieurs pays de la sous-région avec son fils malade, entendit parler de Bah. C'était un soulagement pour lui car cela faisait deux ans que son fils traînait une plaie incurable sur le sur son pied. Cette plaie avait rongé à moitié son pied. Elle puait et des insectes y avaient même trouvé refuge. Oumar était désespéré tant il avait parcouru plusieurs pays et dépensé de fortes sommes pour voir son enfant recouvrir la santé.

Arrivé au Mali, Oumar espérait que Bamako aurait été son dernier point de chute, là où la plaie incurable de son fils Moussa guérirait pour de bon. Moussa avait atteint à peine huit ans et cela faisait deux ans qu'il avait été victime d'un sort que la coépouse de sa mère lui avait lancé. Quel sort cet enfant avait-il bien pu commettre pour être la cible directe de sa marâtre ?

J'ai compris plus tard cette stratégie de nuisance grâce aux démonstrations de Bah. " Lorsque ton ennemi n'a pas réussi à t'abattre en t’affrontant, il s’en prendra à tes enfants pour parvenir à ses fins". Ces propos de mon père étaient l’illustration parfaite de ce que vivait Moussa.

Les poches d’Oumar s’amenuisaient de jour en jour et il ne lui restait que peu d’argent. Pendant ce temps, l’état de Moussa n’avait connu aucune amélioration. La plaie avait gagné des proportions. Il n’était plus un enfant comme les autres, répugnant qu'il était à cause de l’odeur nauséabonde qui se dégageait de sa plaie creuse, obstinée à lui amputer le pied.

Face à ce dessein désespérant, Oumar se décida à aller expérimenter autre chose vu que les services du guérisseur malien avaient été vains. Mais, où aller ? Où pouvait-il trouver la solution miracle qui lui redonnerait le sourire ? Entre désespoir et supputations, il apprit l’existence d'un homme dans une contrée de la Côte d'Ivoire, précisément au Nord dans la ville de Korhogo. Le guérisseur malien lui avait indiqué en fin de compte l’homme qui avait l’aptitude de l’aider pour la guérison de son fils.

Oumar était content pour ce qu'il avait entendu, mais il ne lui restait plus grand-chose, sinon juste ce qu'il fallait pour payer le transport de Bamako jusqu'à Korhogo. En ce moment, mon père avait été fait chef des « dozos[3] » et sa renommée s’était encore davantage étendue. Son succès était à son apogée. Une fois à la gare à Korhogo, sa seule boussole n’était que " je veux aller chez le chef des « dozos ». La

[3] *Chasseurs*

première personne à qui il s'adressa immédiatement le prit sur sa moto, lui et son fils, les conduisirent chez Bah.

À la vue de l'homme, en vérité, Oumar était convaincu que ce vieil homme était celui qui allait lui redonner le sourire. Il avait quitté Abidjan et avait pratiquement sillonné plusieurs pays de la sous-région sans aucun succès de guérison de son fils. Devant la gravité de l'état de l'enfant, il était loin de s'imaginer qu'il pouvait trouver la solution à son problème quelque part en Côte d'Ivoire.

Le vieux assis au beau milieu de sa cour comme il en avait l'habitude, vit un homme tenant un petit garçon à l'épaule gauche se diriger vers lui. Il demeura coi dans son lit picot, les observant. Oui, l'observation était plus qu'une arme pour Bah. Rien que par l'observation, il était capable de faire des démonstrations très cohérentes et justes. Un fait qui a toujours suscité en moi une grande admiration pour les personnes qui observent beaucoup. Chaque fois que je les identifie à quelques endroits que ce soit, elles me font plonger dans le souvenir.

Près du vieux, Oumar déposa l'enfant, s'accroupit, le bras droit sur son dos et salua :

- Kalamogo ni kô[4] !

- N'baa ! I dan zogô[5] !

Ainsi, c'était engagé les salutations. Un code au début que seuls les initiés sont habilités à utiliser. Le guérisseur malien avait précisé à

---

[4] *Salut à toi, maître de la chasse.*

[5] *Bien à toi, bienvenu.*

Oumar que Bah était le chef des dozos à Korhogo. Lui-même étant également un dozo, il fallait activer le code des initiés au "dozoya[6]". Les civilités finies, Bah demanda les raisons de la visite de son étranger. En réalité, il avait déjà collecté pas mal d'informations en les voyant venir à lui, mais comme il le disait " l'eau qui sort de la gueule du silure est plus authentique".

En plus de son sens poussé de l'observation, il savait écouter. Il écoutait, schématisait, recomposait la scène dans sa tête. Il était parvenu à cette conclusion : " que l'homme noir est méchant avec son semblable !" Bah recevait toujours des cas aussi pitoyables les uns que les autres. Certains étaient similaires en certains points, d'autres étaient des cas très choquants, qui font réfléchir sur le sentiment d'humanisme pour l'autre, sur l'altruisme.

Il aimait dire : « ce qu'ils ne veulent pas voir, ils le verront ». Avec mon ancrage dans la philosophie, j'ai compris que mon père était un grand philosophe. Ce que nous fuyons nous a toujours rattrapés et eu raison de nous. Pharaon a craint que Moïse mette fin à son règne. Il a même tout entrepris pour lui ôter la vie en ordonnant la capture de tous les bébés de sexe masculin. Cependant, ce que Pharaon a refusé « de voir », il l'a vu et pire encore, il avait également vu venir à lui sa propre déchéance.

Bah avait décidé de traiter Moussa. Son "oui" était un soulagement parce que lorsqu'il refusait un cas, c'est que c'était déjà perdu

---

[6] *L'initiation dozo.*

d'avance. Il avait fait savoir à Oumar les frais de sa prestation. Ce que l'homme accepta aussitôt car il avait quadruplement dépensé cette somme ailleurs en vain.

Toutefois, il n'avait plus d'argent sur lui, mais il l'avait caché à Bah de peur qu'il ne s'investisse entièrement dans les soins de son fils. Bah les logea dans une chambre et fit savoir à mes mamans qu'elles avaient un étranger de plus. Certaines murmuraient des paroles de mécontentement, tandis que d'autres jetèrent simplement un regard désapprobateur.

Visiblement, mes mamans en avaient marre d'accueillir tout le temps des inconnus dans le domicile familial, très souvent dans un état insupportable voire choquant. À vrai dire, elles détestaient l'univers truculent qui leur était imposé par mon père. Un quotidien émaillé d'une périple d'actions dont le héros éponyme seul trouvait normal.

Elles le lui avaient maintes fois répété.

- Mama, ne pourrais-tu pas donner les traitements à tes malades pour les appliquer chez eux ? S'était offusqué l'une de mes mamans, exaspérée.

- Je sais ce que je fais. Ces personnes que vous voyez ont besoin d'être protégé et ici ils se sentent protéger, tonnait mon père.

La vision de mes mamans, loin de celle nombriliste, ressemblait plutôt à celle manichéenne pour s'établir un bouclier.

Le traitement de Moussa s'était déjà entamé. Le vieux lui faisait consommer une potion dont lui seul détenait le secret tous les jours. Il lui appliquait également une poudre noirâtre obtenue à base de racines de plantes. Cependant, avant d'appliquer ce médicament, ce trésor qui mettrait certainement fin au désarrois d'Oumar, il nettoyait soigneusement la plaie. Venue cette fameuse étape, on entendait le vieux ordonner : " tenez-le bien ! Toi, saisis bien son pied !"

Des moments de douleurs intenses pour l'enfant. Il craignait terriblement cette étape qui suintait l'horreur. Ses cris assourdissants transperçaient les murs du voisinage, atteignaient la rue principale menant à notre domicile pour gagner ensuite d'autres maisons. Le visage blafard, il sanglotait, tenaillé par la douleur et sans aucune échappatoire, s'escrimant, pris au piège par des personnes contre qui il restait quasiment impuissant, désaxé.

Deux semaines après, la plaie s'était cicatrisée. Il ne ressentait plus de douleurs. D'ailleurs, il parvenait à se déplacer sans l'aide de personne. Il avait repris goût à la vie et prenait part même à des parties de chasse aux margouillats avec mes petits-frères. Son visage était devenu plus radieux. Le père de Moussa était convaincu du coup d'épate de Bah. Surtout qu'il lui avait promis de les libérer bientôt.

C'est à ce moment-là qu'Oumar s'enhardit, les yeux hagards et effarés, dans une attitude de froussard en disant :

- Je n'ai plus d'argent pour payer ta prestation. J'ai eu peur que tu refuses de traiter mon fils en te le disant. Pardonne-moi !

Bah eu un sourire narquois, comme pour marquer sa sérénité face à ce qu'il venait d'entendre, puis rassura:

- Ça, ce n'est rien. Mais, comment comptes-tu payer mes services ?

- Permets-moi de retourner à Abidjan chercher ta rémunération.

- Fais comme tu peux ! Nombreux sont ceux disent, mais peu sont ceux qui sacralisent leurs dires. Tu peux partir !

Je souviens que c'était encore Bah qui lui avait payé le transport pour Abidjan. Nous faisons les choses selon notre possibilité, notre capacité.

Lorsqu'une personne est incapable d'accomplir une action, en l'obligeant, c'est comme si vous l'avez emprisonné.

Bah avait permis à Oumar d'aller faire comme il avait promis. Toute promesse dit-on est une dette. Or, toute dette se doit d'être soldée à tout prix et malgré ce qui pourrait advenir. Très souvent dans cette vie, nous sommes nos propres bourreaux. Un seul acte, une seule parole suffisent pour mettre tout en branle. Il en est de même dans la situation inverse.

Mon père soignait des personnes qui dépassaient son domicile comme il le ferait pour un inconnu. Il faisait du bien à des personnes qui se retournaient contre lui par la suite. Il conjurait le sort de nombreux malades qui lui tournaient le dos une fois leur guérison obtenue.

L’ingratitude fut l'une des raisons principales pour lesquelles il était devenu méfiant vis-à-vis de l’homme en général. L’homme est un être insaisissable qui a tout point de vue un caractère imprévisible.

Naguère, des proches de Bah le poussaient à négliger ces ingrats qui revenaient le voir encore pour d’autres services. « Mama, disaient-ils, prends garde à ces ingrats qui viennent profiter de ta gentillesse ! Dis-leur une grosse somme pour les repousser. »

Ces paroles semblaient vaines parce qu'il suffisait qu'un cas difficile se présentait à lui pour qu'il se mette à l’œuvre. Il éprouvait beaucoup de compassion pour les personnes en détresse.

Je voyais des malades à moitié morts et dont le délai estimé à leur mort certaine n’excédait une journée, se relever, marcher jusqu'à leur domicile. Il racontait avec fierté que "quelqu'un qui sait, même s'il loge dans une brousse déshéritée, les hommes iraient le retrouver là-bas".

Une chose qui pourrait être paradoxale, c'est que le vieux continue de prendre en charge sa famille bien que n’étant plus de ce monde. Il était un enfant béni de Nan et Baba, ses géniteurs. Il les avait tellement honorés que ses enfants qui portaient leur nom restaient chouchoutés et aimés. Il ne leur refusait rien.

C'était comme s’il voyait en eux la réincarnation de ses géniteurs. Maman, l’une de mes sœurs était l’homonyme de la mère de Bah. Il aimait tellement qu’il cédait facilement à ses caprices pour la voir heureuse. Il lui permettait d’utiliser sa moto tant chérie pour se rendre à l'école. Ainsi, c'était une façon pour lui de respecter la mémoire de sa mère. Il n'avait jamais dit non à ses parents, ni hausser le ton sur eux.

Lorsque mon père s'installa à l'actuel quartier Soba dans la ville de Korhogo, il se rendait tout le temps à Ziémongokaha pour voir ses parents. Bah était arrivé dans une brousse déshéritée, pris en otage par des cris d'oiseaux. Courageux qu'il fut, il décida de bâtir sa maison dans cet endroit inhabité et inhabitable. La raison était toute simple. Cette brousse était gouvernée par un grand oiseau qui mettait fin à la vie de ceux qui s'aventuraient à s'y installer. Des hommes et des femmes avaient prévenu en vain Bah d'ériger domicile en ce lieu. Ils lui avaient confié que des génies effroyables s'y étaient installés et refusaient toute cohabitation avec des êtres humains. Mon père était déterminé. Il était un homme de défis. Ce qui faisait fuir les autres, lui au contraire, en était fasciné. Il adorait les challenges. Comme à l'accoutumée, il avait marqué son indifférence face aux mises en garde qu'il avait reçues de toute part.

Il restait convaincu qu'il avait avec lui tout ce qu'il fallait pour se battre et remporté ce combat, lui qui avait obtenu les bénédictions de Nan et Baba. Nan l'avait rassuré en ces termes : « vas Mama, que rien, ni personne ne puisse te vaincre si seulement si, j'ai une seule fois désobéi à ton père ! Mama, si tel est que tu m'as honoré et honoré ton père, que tu ne nous as jamais causé de chagrins, que toute voie que tu emprunteras te soit aussi fluide que l'eau. Que toutes tes décisions et actions te soient profitables ! Vas Mama et ne crains rien !

Que y a-t-il de plus précieux que la bénédiction d'une mère ? Même le prophète Mouhammad (PSL)[7] l'avait confirmé. Là où une mère hisse son enfant après que ce dernier l'est honorée, personne d'autre n'a le pouvoir de le déplacer de cette position. La mission de Moïse a été d'autant plus accueillante parce que son adversaire Pharaon disposait de ce trésor. Le jour où Pharaon a manqué de ce bien précieux, Moïse l'a vaincu.

Pourtant, notre monde bifurque à gauche de nos jours car les valeurs ont muté, se sont travesties et tanguent vers des sentiers hideux. Bah était un enfant prodige. En plus, il était un « Dagnogo », un authentique, qui ne reculait devant rien.

Concernant cette question d'authenticité de « Dagnogo », il m'avait confié à plusieurs reprises, dans sa maisonnette qu'il tenait à préserver cette authenticité menacée par la montée en puissance de Dagnogos descendants de parents esclaves. Cela lui tenait vraiment à cœur.

Jadis, face à la minorité des Dagnogos, parmi les aïeux, certains décidèrent d'épouser alors leurs esclaves dans l'optique de perpétuer la race. Ainsi donc, ceux naquis de père et de mère dagnogos authentiques se raréfiaient de plus en plus. Son désir pour la préservation de l'authenticité l'avait amené à unir mon grand-frère et l'une de nos cousines, fille de son grand-frère.

Nous-mêmes qui nous considérions comme authentiques, nous nous sommes confrontés à un moment donné aux railleries de Dagnogos dit

[7] ***Paix et salut de Dieu***

« 100 % » c'est-à-dire nés de père et de mère Dagnogos authentiques. Loin d'une quelconque division, sa crainte était la déperdition des valeurs ancestrales, de l'origine de l'histoire, de la véracité des faits. Il soutenait que « qui se connait bien sait se comporter en société ».

Bah reçut des attaques effroyables des génies en ce lieu. Ceux-ci s'étaient engagés à lui faire payer sa défiance à leur égard. Comment un jeune-homme aussi insignifiant comme lui pouvait leur tenir tête, eux qui avaient été, depuis le temps des temps, maîtres de cette brousse ? Plusieurs jours de combat avaient fait rage entre lui et ces forces invisibles.
Pendant ce temps, certains hommes et femmes prévoyaient la mort certaine de mon père, tandis que d'autres voyaient en lui l'homme qui mettrait fin au règne terrifiant de ces génies. La bataille avait été très rude. La brousse était sous haute tension ce jour-là. Bah avait incendié plusieurs habitations des génies. Il avait même capturé plusieurs parmi eux.

Devant l'intensité du combat, certains génies s'étaient rendus. D'autres avaient pris tout simplement la fuite. Mon père s'était montré impitoyable vis-à-vis d'eux. Plus clairement, il les avait terrassés. Cependant, ce n'était pas fini. Bah devait encore affronter le grand oiseau redoutable d'abord, avant de crier victoire. Soudain, il vit le grand oiseau apparaître. Une créature mystérieuse posée là devant lui. Ils s'étaient, tous les deux, observés quelques instants, puis l'animal impitoyable avait disparu. Il avait certainement vu venir sa déchéance.

Des voix assourdissantes se faisaient ensuite entendre. Bah avait compris que l'animal féroce voulait l'apeurer de sorte à ce qu'il prenne la poudre d'escampette. Il était décidé à aller jusqu'au bout. Il ne pouvait plus renoncer à sa volonté, surtout qu'il avait une longueur d'avance. C'était seulement deux choix, soit il gagnait, soit il mourrait.

Quand il réapparut pour la seconde fois, Bah disparut soudain et frappa. C'était la fin car le grand oiseau disparut et ne réapparut plus. Ce jour-là fut un jour extraordinaire. La bravoure de mon père l'avait emporté sur l'adversité. La bataille avait été difficile, mais il l'avait remportée. Il racontait toujours que " c'est lorsqu'on méconnait le cochon, qu'on s'aventure à le tenir par ses narines." Il savait ce qu'il représentait et ce qu'il incarnait.

À la suite de cette bataille qui fut la toute première, il bâtit sa maison comme il l'avait désiré et promis en arrivant dans ce lieu. Il poursuivit la destruction des habitats des génies. Certains, froussards, s'étaient confiés à lui de peur qu'il ne les terrasse. Il leur avait fait savoir que son objectif n'était pas de les déloger, qu'il voulait juste habiter en ce lieu. La preuve, ce n'était pas lui qui les avait attaqués en premier. Plus tard, la brousse s'était transformée en un endroit paisible où la quiétude n'était nullement plus troublée. Tous ceux qui avaient rejoint mon père le calme était revenu l'appelèrent " Djatiguitchê[8] " c'est-à-dire notre tuteur. Voilà comment il avait eu ce nom que beaucoup utilisaient sans véritablement connaître l'origine.

[8] *Tuteur*

Un jour, un véhicule onusien avait garé subitement devant le domicile de mon père. En voyant ce véhicule, je me demandais ce que pourrait-il bien faire ici ? N'avait-il pas eu d'autres endroits pour garer ? Qui étaient ces visiteurs ? Que voulaient-ils au juste ? Comme le dit l'adage : " la danse qui se dirige chez le chef du village, son fils n'a pas besoin

de se précipiter. "

À dire vrai, j'étais fascinée par ce qui se déroulerait comme événement ce jour-là. Comme à l'accoutumé, Bah était assis au milieu de sa cour sur sa chaise traditionnelle. Il avait mis mes frères à la tâche. Ceux-ci s'acharnaient à coups de pilons sur le contenu d'un mortier. Mon père avait des mixtures à faire et aussi des médicaments à préparer pour ses visiteurs.

Il les surveillait de près et de temps en temps, s'approchait, mettait sa main dans le mortier, mélangeait le contenu et tonnait :

" Pilez encore ! Ce n'est pas encore ce que j'attends. Pilez comme de vrais hommes ! "

Aussitôt, mes frères redoublaient d'efforts en lançant dans le mortier des coups encore plus violents. Un gros mortier accompagné de deux gros pilons leur servaient de moulin. Des visiteurs de Bah assis çà et là, attendaient patiemment qu'il s'occupe d'eux.

Soudain, deux hommes sortirent du véhicule onusien et se dirigèrent vers l'entrée de notre domicile. J'avais eu, dès lors, l'assurance que c'était Bah qu'ils venaient voir, mais à quel sujet ? L'objet de leur visite m'intéressait. L'envie et la curiosité de savoir me tenaillaient. De pas peu sereins, ils avancèrent vers le vieux, le saluèrent, puis s'invitèrent dans les chaises disposées à cet effet.

Le vieux avait installé plusieurs chaises et bancs pour recevoir ses visiteurs. Il traitait les cas par ordre d'arrivée comme cela se faisait également à l'hôpital. De toute évidence, il s'agissait bien d'un hôpital, ou même bien plus.

Si les interventions de mon père étaient traditionnelles, il faut reconnaître que plusieurs des affections qu'il traitait restèrent intraitables par la médecine moderne. C'est d'ailleurs la raison pour laquelle la cour était toujours inondée de monde. Chaque visiteur était un cas spécifique à traiter pour lui. Il ne s'appartenait plus. Il n'existait que pour les autres.

Très souvent, lorsque des inconnus frappèrent à sa porte, il prenait tellement à bras le corps leur problème que nous étions parfois choqués. Un jeune-homme avait été ensorcelé par son géniteur. En fait, il l'avait livré en sorcellerie. Il devrait mourir le lendemain. Son père lui avait ouvertement fait savoir qu'il n'avait pas d'échappatoire et que sa mort prochaine n'était qu'une question de jours.

Le jeune-homme s'était alors empressé de quitter son village pour la ville. En pleurs devant Bah, il avait touché son côté sensible, lui rapportant au détail près les propos cruels de son père. Mon père l'avait rassuré :

- Il a dit pour lui. Moi, je n'ai pas encore dit pour moi. Sois sans crainte car rien ne t'arrivera. Reste ici, je me charge du reste.

Le jeune-homme avait aussitôt repris confiance.

Le père du jeune-homme avait conservé l'âme de celui-ci dans un œuf africain blanc qu'il avait pris le soin d'amener dans sa confrérie de sorciers. Une fois là-bas, il le leur présenta en disant : " je vous avais promis mon fils. Le voici, vous pouvez en faire ce que vous voulez." Il s'apprêtait à remettre l'œuf, quand tout à coup un homme habillé d'un grand boubou noir entra et lui arracha l'œuf. Cloué et très en colère, il murmura : :

- Mama...! (Mon père venait de faire intrusion dans leur réunion secrète).

- Renoncer est meilleur pour vous. Moi, Mama, je dis que vous ne ferez rien à cet enfant. Et si vous vous entêtez, vous saurez ce que cela fait de me désobéir.

Puis, il s'en alla. Il s'était rendu dans le village pour contrecarrer la forfaiture contre le jeune-homme. Le père et sa confrérie en voulaient à mon père pour avoir mis fin à leur coup insidieusement préparé. Je trouvais cette vie cauchemardesque à l'idée qu'une personne puisse passer sa vie entière à se battre contre des forces maléfiques. Un regard à l'opposé de celui de mon père qui prenait énormément de plaisir à sortir les autres des ennuis.

À la maison, il y avait toujours à manger. D'ailleurs, tout le monde était le bienvenu chez lui. Les enfants quittèrent de partout pour se rassembler chez Bah. Il les prenait comme ses enfants et leur faisait plus de faveurs que ses propres enfants. On croirait qu'ils faisaient partie de la famille tellement il leur avait permis de faire comme chez eux. Certains visiteurs faisaient la navette entre leur maison et celle du vieux, d'autres s'y étaient installés le temps que leur situation s'améliore. Ils avaient tous accès au salon, à la télé, aux fauteuils et à la nourriture. Tout le monde se sentait chez lui avec le vieux.

« Nous sommes convenus sur certaines choses, mais ils sont tous morts et m'ont laissé seul. Que vais-je dire à ce propos ? Moi, j'ai fait comme j'avais promis, eux n'ont pas été droits », disait mon père le jour où des gens sont venus lui annoncer la mort d'une haute personnalité de Korhogo. Il semblait de mauvaise humeur ce jour-là. Il tournait la tête de part et d'autre comme rechercher des témoins.

Mon père nous avait conté comment ses parents avaient servi le vieux Gbon et l'avaient rendu incontournable à Korhogo. Ils nous avaient aussi relaté les rapports étroits qu'entretenait le Président Félix Houphouët Boigny et le vieux Gbon et comment Yamoussoukro avait été fait capitale administrative de la Côte d'Ivoire.

Yamoussoukro était une très petite localité qui ne pouvait faire office de capitale d'un pays aussi influent comme la Côte d'Ivoire dans la sous-région. Il fallait qu'elle réponde à des critères en termes de proportions au moins. L'ex Chef de l'État, en son temps, avait posé le problème au vieux Gbon qui le rassura de trouver une solution.

Le récit que j'écris en ce moment ne s'est transmis que de bouche à bouche. Un récit certainement qui retrace les sillons de l'oralité africaine. Le vieux Gbon fit comme il avait dit à Houphouët Boigny en exposant l'affaire à mon grand-père. Celui-ci lui avait indiqué qu'il était possible d'agrandir Yamoussoukro et lui donner l'allure d'une capitale.

En ce moment, mon père et son grand-frère étaient les commissaires d'urgences de mon grand-père c'est-à-dire ceux-là même qui allaient faire ses commissions, souvent, en parcourant de très longues distances à pied. C'était également eux qui allaient chercher les plantes dans la brousse pour lui. Baba les avait initiés.

Tous les deux étaient de fins guérisseurs même si la renommée de mon père a été plus étendue. Les plantes n'avaient aucun secret pour eux.

Bah, quant à lui, avait bénéficié de la confiance de son père qui lui avait donné des secrets consignés dans un document qu'il appelait affectueusement « laira ». Ce document consacré contenant en quelques sortes toute la noblesse du savoir de la famille Dagnogo. Bah faisait toujours l'apologie de ce document qu'on ne retrouve nulle part ailleurs.

Baba s'était mis à l'œuvre pour préparer les potions qui devraient servir à étendre la localité et lui donner par la même occasion l'allure d'une grande ville. Le Président y tenait car il ne voulait pas laisser planer le sentiment qu'il avait voulu à tout prix ériger son village en capitale. Ce serait très fragrant.

Ils allèrent nuitamment asperger les potions aux quatre coins de la localité. Lorsque cela fut fait, la terre s'étendit et prit des proportions importantes. La localité pouvait disposer de grandes rues et d'infrastructures dignes. En plus, les opinions avaient largement évolué. La Yamoussoukro fut la capitale administrative de la Côte d'Ivoire sans aucune réticence. Mais, chose significative, c'est que des mains ingénieuses étaient derrière.

Bah nous avait raconté qu'à la suite de cet événement, la crainte d'Houphouët vis-à-vis du vieux Gbon s'était amplifiée. Le premier savait qu'il pouvait jouer, aussi, il était conscient de l'étroitesse de son espace de jeu. « Quand tu as un bon appui, tu tombes difficilement. » Disait mon père. Baba était les yeux du vieux Gbon. Il ne prenait de décisions sans l'avoir consulté au préalable.

Et, mon père l'avait remplacé en quelque sorte comme une continuité. Je me suis interrogé sur celui qui assurerait cette continuité après Bah. Lui-même, lorsqu'il sentit la fin venir, il cherchait à faire la passe, mais à qui ? Il avait nourri ses espoirs sur Baba, l'homonyme de son père, surtout qu'il avait réussi à l'unir à l'une des filles de son grand-frère. C'était parfait pour lui car cette union le responsabiliserait et le rapprocherait davantage de son grand-frère.

Je me souviens que le vieux avait tout coordonné avec son frère. Il a pris sur lui également toutes les dépenses concernant le mariage. Le jour du mariage, en partant au village, il s'était arrêté près de ma mère et lui avait donné la nouvelle :

- Nous allons célébrer le mariage de Maman (également l'homonyme de sa mère) et Baba.

Ma mère s'en était offusquée.

- Ça ne peut pas se faire. Je n'ai été informée de rien.

- C'est déjà fait. Personne ne peut s'y opposer.

Ma mère l'avait mal pris, elle qui pensait qu'elle organiserait comme bon lui semble le mariage de son fils.

Hélas ! Mon père en avait décidé autrement. Il s'était rendu au village le même jour, avait célébré le mariage et s'était retourné avec la mariée à la maison. Néanmoins, comme il suivait les traces de son père, il voulut que mon grand-frère commence par les travaux champêtres tel qu'il avait fait pour atteindre ce bien précieux qu'est le savoir des Dagnogos.

Nombreux sont les parents qui attribuent leur parcours à leurs enfants sans tenir compte de la réalité du temps. Comment affecter quelqu'un qui naquit en ville, qui y avait grandi et le transposé dans une vie rurale où il devrait exercer des travaux qu'il n'avait jamais exécutés auparavant ?

Mon père y croyait fortement car pour lui, avec la bénédiction des parents, tout devenait possible. A vrai dire, Baba, qui était l'homonyme de son père, ne lui avait pas dit non quant à sa décision de l'unir avec sa cousine. Il lui avait également fait savoir son projet pour lui. Le pacte avait donc été déjà scellé entre les deux.

En fait, Bah avait fait cette proposition auparavant à l'aîné de ses garçons. Puis, devant le refus de ce dernier, il s'aventura vers le deuxième garçon. Et, ses espoirs étaient grands. Il avait tellement parlé à la conscience du deuxième qu'il ne pouvait s'opposer à son projet. Il trouvait inutile d'user de la force surtout qu'un premier avait été réticent.

Le vieux disposait de plusieurs hectares de plantations. Il construisit un appartement pour le marié au village. Celui-ci était devenu désormais par la force des choses un villageois. Même les villageois s'offusquèrent de sa situation. C'était plutôt une sorte de raillerie à l'endroit du jeune-homme. Quitter la ville pour le village, ils trouvaient vraiment cet acte insensé.

De plus, toutes les fois qu'ils traversèrent son champ, ils lancèrent des paroles ironiques. « Un jeune de la ville peut-il faire face à des travaux champêtres ? Celui-là s'enfuira un beau jour sous nos yeux. S'habituer à boire de l'eau glacée en ville et pouvoir faire le champ, on verra. »

Des propos qui parvenaient au concerné lui-même. Des piques qui l'amena à s'armer de courage. Oui, le courage n'était pas une chose étrangère aux Dagnogos, c'était la marque à travers laquelle l'on les reconnaissait. Bah avait acheté la semence et l'avait mise à la disposition du jeune novice.

Le vieux le faisait aidé de temps en temps de ses jeunes frères. Baba avait réussi à faire un grand champ d'arachide. Aussi, il avait également planté de l'anacarde. Un succès qui étonna les villageois qui n'en revenaient pas. Le citadin venait de leur donner une réponse bien implacable avec sa belle récolte.

Mon père était heureux et fier du travail abattu par son fils. Ils entreprirent, à partir de ce succès, de planter du maïs, du riz, qui serait destiné à l'auto-suffisance alimentaire parce que Bah nourrissait plusieurs « bouches ». S'auto-suffire alimentairement était devenu une priorité pour lui. Il ne voulait jamais que la nourriture manque chez lui.

Tous les commerçants y défilèrent pour épuiser leur stock de marchandises. Je n'ai jamais vu mon père dire à un commerçant : « je ne suis pas intéressé aujourd'hui ». Ils payaient très souvent tout le stock. Pour lui, « autant que tu ne veux pas que la nourriture manque chez toi, permets aussi aux autres que la nourriture ne manque pas chez eux. »

Je trouvais parfois que c'était du gaspillage. Je m'empressais donc de dire à certains vendeurs de nourriture que Bah n'était pas intéressé. Mais, ceux-ci l'attendaient malgré tout. Et, quand il arrivait, il payait le stock. Il y en avait de toutes sortes : des vendeurs d'arachides, poissons, dêguê[9], « takoulas[10] », « plolo plolo[11] », lait de vache... Tous venaient à tour de rôle présenter leurs marchandises à Bah et il ne les décevait jamais.

Nous mangions bien à l'époque. Nous avions tout à notre disposition. Aussi, les soirs, il payait de la viande de bœuf, bien rôtie, qu'il dégustait avec nous. Chacun des enfants recevait un morceau de viande qui lui procurait autant de sourire, signe de marque d'attention et d'amour. C'était le bon temps !

Nous mangions même de bonne viande de brousse que des dozos ramenaient de leur chasse à mon père. Une nuit, deux grands dozos avait fait une grosse surprise à Bah. Ils avaient capturé de grands pythons en brousse. Leur entrée fut phénoménale dans la cour. Ils dansaient au son de leur « ghoni[12] » en chantant :

« Tout le monde ne réussit pas dans la capture de « milignan ba[13] » si tu n'as pas la bénédiction de ton maître.

- Kalamogo, nous avons réussi grâce à toi !
- Eh, Mama Dagnogo, tu es un dozo puissant !
- Eh, Mama Dagnogo, écoute le message du « ghoni » ! »

En réponse à ces éloges, je voyais mon père lever fièrement les mains comme pour prendre le ciel à témoin, en remuant la tête à

---

[9] *Mélange de grains de mil et de lait caillé.*
[10] *Riz pâté cuit à la vapeur.*
[11] *Pois africains.*
[12] *La kora*
[13] *Le grand python*

gauche, puis à droite. Ces paroles semblaient fortes vu que la cour s'était aussitôt transformée en une salle de spectacle.

Personne ne voulait se faire conter l'évènement. Les deux gros pythons étaient étendus là sur le sol. Ce n'était pas du tout un bluff, nos deux dozos avaient accompli ce qu'il convenait d'appeler « kabako[14] » c'est-à-dire un acte qui suscite l'ébahissement.

J'attendais patiemment la fin de ce cirque pour pouvoir enfin déguster la viande de pythons que d'aucuns trouvaient très délicieuse. Plus tard, mon père avait choisi un python et leur avait permis de retourner à la maison avec l'autre pour faire plaisir à leur famille. Des jeunes récupérèrent le reptile, arrachèrent sa peau et le découpèrent en plusieurs morceaux.

Une soupe fut concoctée avec ces morceaux de viande. Tous ceux qui étaient présents après la cuisson de la soupe ont pu déguster ce jour-là cette viande. C'était la première fois que je goûtais à la viande de python. D'ailleurs, j'ignorais que cette viande était consommable. Pourtant, l'évidence était là sous mes yeux.

J'avais hâte tout comme tout le monde de découvrir le goût qu'avait la viande de python. Visiblement, elle ne donnait aucune envie d'être raffolée. La chair était blanche et semblait lisse. Lorsque je la portai à la bouche, je la trouvai vraiment délicieuse. Mon père avait déjà terminé son assiette. Il semblait raffoler la viande de python.

---

[14] ***Quelque de surprenant, qui émerveille.***

Une journée pleine de sensations fortes s'était ainsi refermée. Toutes nos journées étaient d'ailleurs émaillées de périples d'actions qui suscitaient de fortes sensations. C'était pratiquement devenu anodin pour nous. C'était notre quotidien.

J'étais assis sur le terrasse, quand je vis une dame affolée, franchir le seuil de notre portail principal. Elle était tellement tourmentée qu'elle m'a dépassée sur la terrasse d'une marche éclaire sans s'en rendre compte. Qu'est-ce-qui pouvait bouleverser autant cette dame au point d'être incapable d'articuler ses pas ?

- Bonjour, Djatiguitchê est là ? S'était-elle adressée à l'une de mes mamans.
- Bonjour, oui il est dans sa maisonnette (en indiquant la maisonnette de la main).

Elle s'empressa d'aller vers la maisonnette, mais ostensiblement le vieux était occupé avec d'autres visiteurs. Il lui demanda de s'assoir et attendre son tour. Ce que fit la dame, très perturbée. Je réalisai que les nouvelles n'étaient pas du tout bonnes pour elle.

Des larmes suintaient de ses yeux. C'était des larmes du désarroi et de la confusion. Elle était restée silencieuse et muette dans son attente. Après quelques temps d'attente, vint son tour. Bah était revenu s'installé dans sa chaise traditionnelle. Il semblait un tout petit peu fatigué et apparemment il voulait se reposer. Soudain, il jeta un coup d'œil vers la dame et constata qu'elle avait un sérieux problème qui ne pouvait attendre.

Par contre, il ne voulait plus retourner dans sa maisonnette. Alors, il la questionna :

- Femme, qu'est-ce qui te préoccupe tant ?

La dame fit un grand soupir, puis expliqua :

- Il y a très longtemps que j'ai entendu parler de toi, mais je n'avais jamais eu l'occasion de venir ici. Je suis commerçante au grand marché de Korhogo. Je travaille depuis des années avec une jeune fille au magasin.

Elle est devenue comme ma fille tellement je lui fais confiance. Mais, ce matin, elle m'a anéanti en s'évaporant dans la nature avec tout mon argent. Je suis foutue. Oh, Dieu je suis foutue !

Elle éclatait en sanglots et faisait des mouvements pour exprimer sa peine. Bah l'observa un moment et dit :

- Tu auras ton argent. Mais, est-ce que tu pourras payer mes services ?

- Oui le vieux ; je vais payer. Eh, le vieux peux-tu vraiment m'aider ? Eh !

- Réponds à ma question !

- Je vais payer. Dis-moi le montant !

La dame était prête à payer pour retrouver son argent perdu. S'enfuir avec les fruits des labeurs d'une personne qui a donné sa confiance, cela demeurait un fait que je ne pouvais qualifier. C'était comme si cette jeune fille avait arraché l'âme de sa patronne. Un monde qui se gave de la sève de l'immortalité, de l'injustice, du mal et qui étanche sa soif à leurs sources.

Quand ils convinrent de la somme, mon père récita des paroles inaudibles et baissa soudain la tête, puis dirigea son regard vers l'entrée de la cour. Je suivais au moindre détail ses faits et gestes. Je ne voulais absolument rien perdre de vue, même si je n'ai pas réussi à entendre les paroles qu'il prononçait.

À cet instant, je vis une jeune fille, toute tremblotante, franchir l'entrée de notre cour et se diriger vers la grande terrasse. Elle était dans un état de choc, apeurée qu'elle était.

Je pus remarquer qu'elle tenait entre ses mains un sachet plastique noir enroulé. La dame n'y croyait pas ses yeux. Elle était clouée sur place, impuissante de trouver les mots. La jeune fille parvint à leur niveau et s'écria : « Voici l'argent ! Voici l'argent ! Je n'ai pas pris cinq francs dedans. »

Elle avait l'air de subir un traumatisme, essoufflée qu'elle était. Le vieux dit alors à la dame : « Prends ton argent ! » La dame semblait vivre un rêve et celui-ci s'apparentait à ce qu'elle visait dans la réalité : elle ne voulait plus en sortir. « Eh, toi tu as pu me faire ça ! » S'adressant à la jeune fille.

La jeune fille était inerte devant la colère de sa patronne. Cette dernière avait pris son argent et s'apprêtait à le remettre dans son sac, quand Bah lui demanda de compter. Elle se mit donc à compter l'argent, des billets tombaient d'entre ses mains sur son pagne. Le compte était bon.

Elle y retira la main d'œuvre de mon père et lui remit. « Merci beaucoup le vieux ! Tu m'as sortie de mon désarroi. Que Dieu te récompense de la meilleure des façons ! » Cette dame, du vivant de mon père, lui apportait toujours des présents, cage de sa reconnaissance vis-à-vis de lui.

Là, j'avais compris que tant qu'on servait les autres, ceux-ci étaient susceptibles également de se souvenir de nous. Mais, lorsqu'on ne leur servait plus à rien, ils nous jetèrent dans les oubliettes. Ainsi, se présentait cette vie où les actions devraient restées pérennes presqu'éternelles. Pourtant, en réalité, qui resterait éternellement sur cette terre ?

D'aucuns avaient cru mon père immortel. Où est-il aujourd'hui ? Lui-même ne cessait de nous prévenir de ce qui nous attendait après sa mort. « Vous allez souffrir quand je ne serai plus de ce monde. Vous serez persécutés. » En prononçant ces propos, il devenait tout triste.

« Des gens qui n'ont pas pu me tenir tête de mon vivant s'en prendront à vous à tort. C'est pourquoi, je vous donne les potions de protection afin que vous soyez à l'abri de l'ennemi. » La haine envers les parents a toujours fini sa course sur les enfants. Le vieux s'y attendait.

Pour être sincère, il fut un temps où je ne me lavais plus avec les potions de Bah parce qu'elles dégageaient parfois des odeurs insupportables pour moi. Des bêtes surnageaient au-dessus et l'on ne pouvait se laver sans que celles-ci ne collent à la peau.

Je renversais ma part et prétextais l'utiliser plus tard. À l'insu de tous, je versais le contenu quelque part dans la cour. Le vieux m'avait surprise avec ses propos : « Toi Fatou, tu es une gâteuse de médicament. Penses-tu que je ne sais pas ? Moi, je donne les potions pour vous protéger et toi tu verses cela au lieu de l'utiliser. » Il était rentré dans une colère rouge. J'étais démasquée. Je restai donc silencieuse, incapable de placer un mot.

BAH ET SON MEPRIS POUR L'ECOLE

Comme la plupart des foyers en Afrique, mon père était un polygame. Tous ses épouses, y compris les enfants vivaient sous le même toit. Il y avait la grande maison qui contenait plusieurs chambres et des indépendantes dans l'enceinte de la cour.

Les plus grands avaient leur chambre tandis que les plus jeunes trouvaient dortoir chez leurs mamans. Mon père avait cette habitude de faire des modifications afin de donner une fière allure à la cour. Il avait fait démolir l'arrière-cour et y avait fait la petite terrasse. J'aimais bien cet endroit car je le trouvais très paisible et propice pour la réflexion.

Cet endroit me permettait de sortir de l'univers de mon père pour me retrouver avec moi-même. Nous vivions ensemble, mais chaque enfant connaissait sa mère. Mon grand-frère Sékou m'aimait bien car il trouvait que j'étais studieuse. Il était un libraire informel au grand marché de Korhogo. C'était lui qui réglait mes frais d'inscription à l'école et me fournissait mes fournitures scolaires.

Bah s'en foutait éperdument. Il avait déjà marqué son désintérêt pour l'école et tout ce qui tournait autour. Je ne rendais compte qu'à Sékou et ma mère concernant ma scolarité. Ce n'est pas les moyens qui lui manquait, seulement il était en conflit ouvert avec l'école. Quand je préparais mon Certificat d'Étude Primaire Élémentaire, une scène s'était produite entre moi et mon père et cela m'avait conduit à ne plus rien lui demander tellement il m'avait offensée.

J'étais venue de l'école avec un bout de papier sur lequel le maître demandait d'acheter des annales qu'il nous avait proposés en classe pour mieux se préparer pour les examens. J'avais trouvé le vieux sur la terrasse et lui avais montré le papier.

- Lis ! Moi, je ne sais pas lire. Que dis le papier ? Me lança-il d'un air agacé.

- Comme nous sommes en classe d'examen, le maître nous demande d'acheter des annales qui nous aideront beaucoup.

- Hum ! Combien ça coûte ces livres-là ?

- Chacun des deux annales coûte 250 F CFA

- Ton maître est un escroc. C'est sur le dos des parents d'élèves qu'il compte s'enrichir. Mais, il n'aura rien.

Subitement, deux grosses gouttes de larmes traversèrent mes joues pour tomber au sol. Cela avait suffi pour mettre Bah dans tous ses états.

- Eh ! C'est pour cela tu pleures ? D'ailleurs même je ne paie plus rien. Regarde, voici l'argent ! Je ne paierai absolument rien.

Il m'avait présenté plusieurs billets, il en avait assez dans les mains. Alors, pourquoi me refusait-il juste 500 F CFA ? Était-ce une façon de me décourager des études ? Je ne comprenais pas son attitude à mon égard.

Ma peine était grande ce jour-là. J'avais passé toute la journée à pleurer, me sentant diminuée. Bah m'avait humiliée devant ces nombreux visiteurs pour une modique somme. Mon cœur s'était serrée soudain et je considérai cet acte comme un défi. Je me dis intérieurement : " Bah m'a injuriée pour 500 F CFA. Alors, je lui prouverai que sans ces annales, je peux avoir mon CEPE.

Le soir, ma mère était revenue du marché. Je lui fis savoir ce qui s'était passé à son absence. En colère, elle prit son porte-monnaie, l'ouvrit, prit un billet de 500 F CFA et me le tendit.

- Tiens ! Demain, il faut aller chercher les annales.

- Non, je n'en veux plus. J'ai été humiliée à cause de cette somme d'argent. En plus, il a remis l'argent à mon neveu qui est au CM1 sous mes yeux afin qu'il s'en procure. Je ne veux plus de ces annales, mais je serai admise à mon examen. Le défi était ainsi lancé.

- J'avais un maître différent des autres. Au CP1, j'avais eu une dame comme maîtresse, assez maternelle qui me protégeait des brimades des plus grands. Au CP2, c'était beaucoup plus stressant avec la chicote. Le maître se servait très souvent de bois servant à ouvrir les fenêtres pour nous bastonner. Dans ce tourbillon de violences, l'école avait failli me dégoûter.

Le maître du CP2, monsieur Pokou, devait faire la moyenne en Lecture. Chaque élève passait à tour de rôle pour lire les syllabes au tableau. Il tenait un gros bois qu'il avait retiré à une fenêtre.

- Dagnogo, au tableau !

A entendre mon nom, mon cœur battait plus fort. Je ne parvenais pas articuler une démarche rassurante tellement j'avais la phobie du gros bois dans sa main. Après un moment d'hésitation, j'arrivai au tableau, prit le bâton réservé pour la séance de lecture et commença à lire :

- Ma – mo – mi – m…
- Quoi ? reprends !
- Ma – mo – mi – m…
- Que dis-tu ? Ne vois-tu pas ce qui est écrit ? Dépêche-toi !
- Heuuuuu, je vais lire monsieur. Ne me frappez pas !

De grosses gouttes de larmes sortaient de mes orbites et mouillaient mon visage. Je devins subitement impuissante. Je ne parvenais plus à prononcer un mot. Je tressaillis de peur de sorte que l'emplacement de mes acquis fut bouleversé dans mon cerveau. C'était comme si je n'avais jamais lu les syllabes que je venais juste de prononcer à l'instant. C'était l'une des raisons pour lesquelles je n'ai jamais cru en la chicote comme source de motivation, même si elle était restée ancrée dans nos habitudes.

Monsieur Pokou me donna quelques violents coups de bois qu'il tenait à la main, puis me permit d'aller me rasseoir. C'était comme si je passais de vie à trépas après cette bastonnade. Le lendemain, c'était le jour du classement. Il était assis à son bureau lorsqu'il lança :

- Je vais faire le classement. Le travail n'est pas bon. Néanmoins, il y a certains qui se sont démarqués. Ceux qui n'auront pas la moyenne recevront des coups qu'ils n'oublieront pas de sitôt. La première de la classe a eu 7,50 de moyenne. Elle aurait eu plus, si elle avait fait mieux en Lecture.

En ce moment précis, j'écoutais le maître sans percevoir concrètement ses allégations. Je voyais sa bouche remuer certes, mais je ne pouvais dire avec exactitude ce qu'il disait. Il m'avait fait plonger dans une pensée très profonde. Ma préoccupation était plus centrée sur la manière dont j'allais échapper à la bastonnade de monsieur Pokou si je n'avais pas eu la moyenne. Tous les élèves étaient crispés et soucieux du sort qui les attendait.

- Première de la classe : Dagnogo Kadohofanan Fatoumata. Tu es une bonne élève, mais à cause de ta peur de la chicote, tu as manqué la moyenne en Lecture. Hein hein, tu vois !

Tous les regards s'étaient dirigés vers moi. Je sentis mes jambes reprennent de l'assurance. Alors, je me dirigeai vers le maître pour prendre mon bulletin. Mon humeur avait changé du coup. A croire que la frontière qui séparait la joie et la tristesse était vraiment étroite. Depuis que j'avais été la première de ma classe, j'étais respectée de tous mes camarades, même ceux qui me brimaient étaient devenus mes amis et défenseurs.

En parlant de mon maître du CM2. Il se nommait Koné Bamory Fing. Son slogan était : « je suis Koné Bamory Fing, je fume Fine ». Il nous avait amené à mémoriser ce slogan. Il venait rarement en classe.

Néanmoins, quand il était présent, il s'adonnait correctement à son travail.

En fait, monsieur Bamory Fing était un alcoolique qui passait la quasi-totalité de son temps dans un bar non loin de l'école. Il y revenait tout soûlé ne pouvant se tenir sur ses jambes. Il récupérait la liste des bavards pour entamer une série de bastonnades indescriptibles. Mon nom y était toujours inscrit sur cette fameuse liste. Pourtant, je craignais bien la chicote.

Avec le type d'enseignant que nous avions, j'avais compris qu'il fallait prendre de l'avance en travaillant assez avec mes camarades en son absence. Je prenais la place de monsieur Bamory Fing et nous traitions nos exercices. Je m'adonnais bien à cette tâche car j'avais à l'esprit le défi que j'avais juré de relever face à mon père.

La cheffe de la classe considérait cela comme du bavardage et elle inscrivait nos noms tout en prenant soin d'ajouter plusieurs « bis ». A l'époque, il y avait de grands élèves. Ceux-ci étaient choisis comme chefs de classe parce qu'ils pouvaient influencer physiquement les plus petits et ainsi maintenir le silence en classe.

Mariam était notre cheffe de la classe. Elle m'avait toujours causé des ennuis à l'école. Au Cours Préparatoire, elle nous battait tout le temps, nous qui étions plus petits. Elle allait jusqu'à confisquer notre argent de poche.

Malgré la protection de la maîtresse, elle m'attendait à la sortie de l'école et me rendait toujours son coup. J'étais incapable de faire comme elle car ma mère me disait chaque fois que je me rendais à l'école d'être adepte de la non-violence. Elle ignorait peut-être que cette institution recueillait en son sein plusieurs types d'éducation qu'elle devrait réussir à canaliser. Le rôle de l'école était grand parce qu'elle était une machine de transformation de l'homme.

Je recevais que 25 F comme argent de poche pour me rendre à l'école. Cette somme me suffisait largement même si d'autres élèves recevaient plus. À la récréation, j'achetais du jus de baobab à 5 F, du sandwich à 15 F et un « kere kere[15] » à 5 F. Il fallait être très prudent car certains élèves déchaînés pouvaient arracher ce beau menu pour faire sien.

Ils avaient le flaire et leur promptitude était sans égale. J'avais déjà vécu cette amère expérience. Un grand élève m'avait subitement arrachée mon « kere kere » et avait disparu dans la foule pendant je m'apprêtais à le porter à la bouche. Mon regard restait fixé sur la direction prise par mon agresseur. Je me trouvais dans un désarroi complet.

Des élèves arrivaient à l'école presque sans rien. Personne ne leur prêtait aucune attention. Alors, ils trouvaient la violence comme un moyen de s'affirmer.

Tous les élèves voulaient m'avoir comme camarade. Comme à l'accoutumé, le maître nous avait ordonner de l'attendre en classe dans le silence. Il avait également demandé à Mariam de lister les noms des

[15] ***Amuse-bouche à base de farine.***

bavards. Il était non seulement le directeur de l'école, mais aussi le tenant de la classe du CM2.

Nous savions que monsieur Bamory Fing ne reviendrait pas sitôt de son infortune de balade. Alors, nous commençâmes à travailler car la date de l'examen se rapprochait à grands pas. L'engouement était remarquable. Tout le monde participait à la correction des exercices que j'avais portés au tableau.

Je ressentais un grand plaisir à afficher mon leadership. J'aimais vraiment les études et je l'exprimais bien à travers mon attitude. Mon maître du CM1 nous disaient que : « les études réussissent à ceux qui les considèrent comme un jeu où il faut être le meilleur. Ni plus, ni moins. Si vous les rendez amusantes, elles vous souriront positivement et vous sentirez moins le stress d'apprendre. »

Nous étions déterminés à montrer notre bravoure afin d'affronter ce fameux virage qu'était l'examen du CEPE. Un virage décisif dans notre futur proche. Mariam marquait son indifférence à notre entreprise. Elle était focalisée plus tôt sur la tâche que le maître lui avait assignée.

- Le maître arrive, le maître arrive, cria une voix.

La salle devint subitement calme au point où tous ceux qui s'étaient éloignés de leur place habituelle se hâtaient pour les rejoindre. C'étaient des comportements communs à tous les élèves de l'école. Cependant, notre classe s'était très mal illustrée dans le bavardage.

En fait, plusieurs catégories de bavards émergeaient dans cette cacophonie : ceux qui se retrouvaient pour rattraper le retard imputé par leur maître, ceux qui causaient de rien et de tout et ceux qui faisaient inutilement du bruit en tapant les bancs. Le maître ne faisait aucune distinction entre ces catégories de bavards. Tous ceux qui étaient pris en fragrant délit de bavardage passaient au peigne fin de la courroie du maître.

Contrairement au maître du CP2, monsieur Bamory Fing se servait d'une courroie de moto pour régler ses comptes avec les élèves bavards. Une chose que je trouvais paradoxale, c'est que les redoublants étaient les plus bavards. Peut-être qu'ils se croyaient rôdés et plus expérimentés en la matière. Pourtant, ils s'en sortaient mal lors des examens blancs. Comme dit l'adage : « au pays des aveugles, les bornes sont les rois. »

Ils avaient déjà affronté l'examen du CEPE même si les résultats avaient été nuls. Comparativement à nous, ils avaient plus d'informations en leur possession. Nous qui devions affronter cet examen pour la première fois ne pouvions qu'être à la merci des ragots de ces redoublants. On le disait toujours : « seul le plongeur peut dire avec exactitude l'état de santé du roi caïman. »

Le maître m'avait trouvé au milieu de la classe et m'ordonna de me mettre à genoux.

- Mariam, envoie-moi la liste des bavards !
- Tenez monsieur !

Il se mit à citer tous les noms inscrits sur la liste. Nous étions foutus parce qu'il était dans un état d'ivresse indescriptible. Un état qui ne lui permettrait pas se rendre compte de la douleur qu'il nous causait ce jour-là. Il avait deux techniques de bastonnade : les quatre gaillards ou tenir les fesses contre le banc. Nous redoutions tous ces deux techniques. Certains élèves portaient plusieurs vêtements sous leur uniforme avant de se rendre à l'école. D'autres plaçaient des chiffons sur les fesses avant d'enfiler leur uniforme.

A tour de rôle, il appliquait violement sa courroie aux élèves. A mon tour, un seul coup de courroie m'avait extirpée de la salle. Il me poursuivit jusque dans la cour de l'école. J'étais plus rapide que lui et il savait qu'il était incapable de me rattraper. Il cria :

- Demain, c'est l'examen blanc. Si tu souhaites vraiment composer, reviens supporter tes coups de chicote.

Les examens blancs comptaient énormément dans l'examen final. Je ne voulais rien rater. Je me décidai alors à revenir en classe. La violence du second coup de courroie me coupa le souffle et je me retrouvai encore une fois dans la cour de l'école, décidée à ne plus rentrer en classe. De loin je voyais le maître fulminer. Cela ne me disait plus rien. J'étais plutôt sous le choc des deux coups de courroie reçus et qui m'empêchaient de m'assoir correctement. Plus tard, mes amis me ramenèrent mon cartable et je rentrai à la maison. Le soir, je montrai mes blessures à ma mère, mais elle ne s'en offusqua point. Elle m'avait tout simplement fait savoir que : « quand on apprend, on accepte tout. Un apprenant qui ne se soumet pas accède difficilement à la connaissance. »

N'ayant aucun moyen de défense, je devais m'apprêter pour le lendemain car monsieur Bamory Fing ne renonçait jamais à ses coups de chicote reportés ultérieurement. Le jour fatidique, je pris soin de porter deux robes sous mon uniforme avant de me rendre en classe. La peur me tenaillait l'esprit rien qu'à penser à ce qui m'attendait. J'étais sûre que je n'échapperais pas à la courroie du maître.

La cloche sonna, nous fîmes le rang et entrâmes en classe. Assise à ma place, j'étais présente physiquement, mais mes esprits erraient loin de la classe. Monsieur Bamory Fing était dans son bureau avec ses collègues. Je savais que d'un moment à l'autre, il rentrerait en classe. Soudain, nous entendîmes des pas franchir la salle. C'était bien le maître.

Il déposa quelques effets sur sa table, puis tonna :

- Y a-t-il des absents ?
- Non monsieur, répondirent en chœur tous les élèves.

Il dirigea son regard vers ma place et ajouta :

- Dagnogo, viens prendre tes coups ! Penses-tu que j'ai oublié ? Hier, j'ai chicoté les autres. Par conséquent, ce serait une injustice de t'épargner.
- Mais, vous m'avez donné deux coups hier !
- Il n'y a pas de mais, viens supporter le reste de tes coups.

J'étais un peu rassurée par la protection que j'avais pris soin de mettre sous mon uniforme. En effet, je m'étais convaincue de ne pas sentir les coups comme à l'accoutumé. Je pris position sur le premier banc et attendais que le maître exécuta sa barbarie. J'entendais mes robes en-dessous retentir de plus belle à chaque coup de courroie.

- On dirait que tu t'es doublée pour l'occasion ! S'était-il rendu compte.

Toute la classe éclata de rire comme si nous étions à un spectacle d'humour. J'avais réussi à supporter la bastonnade avec succès. Je connaissais désormais le secret. Je venais maintenant à l'école toute blindée.

Le maître ne faisait que des cours de Mathématiques avec nous. Il disait que c'était la discipline la plus réputée à l'examen et considérait les autres comme des acquis. A ce niveau, je n'avais aucun souci car nous avions été bien formés dans les classes antérieures.

A vrai dire, son indisponibilité semblait ne pas lui permettre de faire correctement tous les cours. Il avait une manière moins drôle de nous apprendre les Mathématiques. Il cumulait plusieurs opérations dans une même tâche et nous n'avions pas droit à l'erreur.

Ce matin encore, nous avons une séance de Mathématiques. Ces séances étaient beaucoup redoutées des élèves à cause de la manière dont le maître nous présentait les tâches.

- Prenez les ardoises ! Nous allons faire une séance de Mathématiques. Je sais qu'il y a certains élèves qui racontent que je ne fais que des cours de Mathématiques, mais, le jour de l'examen vous me remercierez.

Bien, 2 x 4 + 6 : 4 – 3 = ? Dès que je tape, vous écrivez. Si je tape à nouveau, vous arrêtez d'écrire. Le dernier clap servira à montrer les ardoises.

Ce qui était aberrant chez lui, c'est qu'il tenait toujours sa courroie en main. Ceux qui trouvaient la réponse juste étaient épargnés. Dans le cas contraire, ils passaient par l'épreuve de la bastonnade. C'était un moment de stress mêlé à la douleur et le regret d'avoir mis pied à l'école.

Quelque part, c'était salutaire parce que la pression nous amenait à apprendre nos leçons de Mathématiques même si peu étaient ceux qui s'en sortaient. D'ailleurs, c'était le seul cours où notre maître élaborait des leçons.

- Clap, écrivez la réponse ! Ordonna-t-il.

Nous nous hâtâmes à calculer afin d'éviter le courroux du maître.

- Clap, clap, arrêtez d'écrire !

Il sillonnait les rangées, banc après banc pour s'assurer que nous avions obéit à sa consigne. Rassuré, il revenait au tableau et c'était parti pour le troisième clap.

- Clap, la première rangée, montrez vos ardoises ! Tenez-les bien sur vos fronts ! Celui que je vais prendre en train d'écrire le regrettera toute sa vie.

Aucune réponse n'était juste ni dans la première rangée, ni dans la deuxième, encore moins dans la troisième. Seul un redoublant avait trouvé le résultat dans la quatrième rangée. Au départ, c'était vraiment difficile. Nous n'étions pas habitués à la façon d'enseigner de monsieur Bamory Fing.

Les séries de bastonnade s'enchainèrent. Elles nous avaient finalement amenés à nous accommoder à cette nouvelle donne. Nous voulions réussir et aucun prix n'était assez fort pour parvenir à notre objectif. Moi personnellement, j'étais déterminée à perforer le mystère des calculs cumulés de monsieur Bamory Fing.

La cheffe de classe ne m'appréciait pas vraiment. Je lui faisais carrément ombrage et elle le supportait mal. Depuis le CP1, elle m'avait beaucoup torturée. J'avais donc pris ma revanche en devenant la première de la classe. Elle racontait aux autres élèves que si j'étais excellente en classe c'était à cause de mon père qui était le chef des « dozos ». Elle leur faisait croire que Bah me donnait des potions magiques qui stimulait mon intelligence. Je m'étais farouchement défendue ce jour-là face à cette accusation.

- Ne croyez pas en ce qu'elle raconte ! Mon père n'a rien avoir avec ma réussite scolaire.

- Son père est le chef des « dozos ». Il y a des canaris partout dans leur cour. Les gens y vont en masse.

A cet instant, j'avais eu envie de lui fermer la bouche. Ses propos m'affectaient et c'est d'ailleurs ce qui m'avais amenée à ne plus utiliser les potions de Bah. Chaque fois qu'il me les servait, les propos de Mariam retentissaient fort dans mes oreilles. Aussitôt, j'éprouvais un sentiment de rejet vis-à-vis des recettes de protection de mon père.

Je ne l'avais pas exprimé clairement à mon père. Je prétextais que je n'aimais pas ses potions à cause de leur odeur et des bêtes qui collaient à la peau. Je savais la réaction de mon père si je lui racontais les ignominies de mes amis écoliers.

Au même instant, je me souvins de Dao Fatoumata, une de mes amies de classe. Elle fut inscrite dans notre école lorsque nous étions en classe de CE2. Son père était un professeur de lycée. Il venait nouvellement d'être muté dans la ville. J'appréciais la relation parentale entre Dao et son père. Je fus si éblouie le jour où j'arrivai chez elle. Un beau petit cadre accueillant une famille aussi restreinte.

- Bonjour ma tante ! Salua-t-elle, d'une voix égaillée, une belle jeune dame au teint métissé.
- Bonjour Fatim, les cours se sont-ils bien passés ?
- Oui ma tante, ils se sont très bien passés ! Je te présente mon amie. C'est d'elle que je te parle tout le temps. Elle est toujours

la première de la classe et me laisse à la deuxième place, mais inchAllah j'occuperai la première place la composition à venir.

- Eh Fatim, elle est juste plus forte que toi ! C'est ton amie. Demande-lui son secret. Cela t'aiderait énormément.
- Oh ma tante, elle dit qu'elle n'ouvre pas ses cahiers après les cours, alors que moi j'ai un répétiteur qui me suit correctement à la maison. A l'école, tout le monde dit que nous nous ressemblons. En plus, nous avons le même prénom et nos patronymes ont à peu la même résonnance.

Plus je les écoutais, plus mes sentiments mélancoliques se transformaient en curiosité. Je voulais en savoir davantage sur cette famille qui sortait de l'ordinaire. Dao avait perdu sa mère. Son père fut obligé de se remarié à celle qui était devenue désormais sa mère. Elles entretenaient de très bonnes relations. Je comparais la vie de mon amie à la mienne et je trouvais que le Bon Dieu l'avait graciée. Elle pourtant m'enviait pour la place que j'occupais en classe et qu'elle peinait à occuper. Ainsi se présentait cette vie où nous ne sommes pas comblés entièrement à tous les niveaux.

Le maître du CE2 était un stagiaire. Il se nommait monsieur Noé. Il venait nouvellement de prendre fonction dans notre école. Lui et la maîtresse du CE1 s'attendaient très bien. Ils fleuretaient ensemble tout le temps. Tous les élèves racontaient qu'elle était son épouse.

Le jour de sa titularisation fut un véritable désastre. Nous ignorions que monsieur Noé était stagiaire et qu'il préparait un test de titularisation. Il avait eu pas mal d'ennuis avec les redoublants de la classe. Ceux-ci étaient gaillardement plus en forme que lui. Ils refusaient donc de se soumettre à un enseignant moins imposant, de surcroît, un vendeur d'eau glacée.

- Qu'est-ce que ce froussard peut enseigner ici ? Je peux même le soulever avec mon bras, ce vendeur d'eau glacée, disait Yacouba.
- « wie gnaha deh[16] », il nous méconnait, reprenait ironiquement son voisin Yaya.

Yacouba nous avait convaincus qu'il apercevait presque tous les jours monsieur Noé avec une glacière remplie d'eau glacée.

- Je l'ai vu encore cet après-midi avec une glacière derrière sa moto.
- Non, tu exagères. Arrête de nous raconter des contre-vérités ! J'ai remarqué que depuis qu'il a tracé le chemin de ton village sur ta tête, tu ne fais que le dénigrer. Insistai-je.

Monsieur Noé veillait à la propreté de ses élèves. Aussi, ceux qui ne se coiffaient correctement ou n'entretenaient pas leurs cheveux, il faisait des zigzags sur leur tête. Yacouba en avait été victime. Il était effronté comme un scarabée sacré et n'accordait aucun respect au maître. Il le considérait trop jeune pour bénéficier de son respect.

Le fameux jour où le maître essaya de lui appliquer les quatre gaillards, il lui donna de sérieux coups de poings au point que sa

[16] Laisse-le !

victime commença à le craindre complètement. Yacouba s'était érigé en notre défenseur. Lorsque son nom figurait sur la liste des bavards, monsieur Noé renonçait à la bastonnade. Il évitait lamentablement l'affrontement avec cet élève afin que ce dernier ne lui serve le plat de l'humiliation.

Yacouba et son voisin Yaya ne passaient leur temps qu'à perturber les cours en classe ; pis ils s'exprimaient en Sénoufo. Ils étaient conscients que le maître ne comprenait pas cette langue. Alors, ils le calomniaient copieusement.

- « Nonh na niou gnoug gbelegue befelegue[17] », disait Yacouba.
- « Eh, Wie na yaha ya, wa yara ga thangui[18] », rétorquait Yaya.
- « Wa wouh kori niè[19] »

Puis, ils éclatèrent de rire. Pendant ce temps, le maître déroulait tranquillement son cours en faisant la sourde oreille.

- Monsieur, Yaya dort ! Cria une voix.
- « Samô da gnan mida dôri[20] ? » Répondit promptement Yaya.

Toute la salle se défoula sur lui. Il fut longtemps l'objet de raillerie à cause de cette phrase qu'il avait prononcée. Selon les sages, « malgré le temps et les secousses subis par le sac, l'odeur du piment ne le quitte jamais ». Yaya venait de le démontrer par ce qui était loin d'être appelé un lapsus. Apprendre dans une langue étrangère n'était aisée

[17] Cet homme à la grosse tête.
[18] Laisse cet homme, il ne sait rien.
[19] Nous allons lui régler ses comptes.
[20] Où m'as-tu vu dormir ?

pour la plupart des petits Sénoufos. Leurs propos étaient toujours émaillés de mots de leur dialecte.

Monsieur Noé ignorait ce qui se passait. Il demanda à Yaya de se tenir débout. Deux voisins qui se ressemblaient. Visiblement, ils ne savaient pas la raison de leur présence dans cette classe, encore moins dans cette école. Je les regardai en secouant la tête. Leur dégoût et leur mépris pour celui qui leur procurait le savoir était à son paroxysme.

Mon père disait que : « le savoir est un bien précieux qui s'acquiert précieusement. Celui qui n'a pas éprouvé de difficultés pour accéder au trésor, ne saurait l'utiliser à bon escient ». Ces paroles me vinrent à l'esprit et je plaignis ces deux élèves.

La veille de l'examen de sa titularisation, monsieur Noé nous avait demandé d'être sages lorsque des personnes étrangères viendraient en classe. Nous ne comprenions pas bien ce que c'était, mais nous avions senti que cet examen était très important pour lui. Nous ignorions qu'il ne recevait même pas de salaire en ce moment. C'était la raison pour laquelle il vendait sûrement de l'eau glacée pour subvenir à ses besoins personnels.

J'avais remarqué que ses chaussures étaient usées. Il les portait pratiquement tous les jours. La précarité de sa situation était implacable. Il broyait du noir contrairement à la maîtresse du CE1 qui le soutenait de temps en temps. Elle emportait son petit-déjeuner à l'école et le partageait avec lui. Parfois, en le regardant, je ressentais de la compassion pour lui surtout lorsque Yacouba et son voisin le tournaient en dérision. Il était un maître consciencieux.

Le jour tant attendu arriva. Nous étions en classe quand un homme vêtu d'une chemise blanche assortie d'un pantalon en tissu noir se présenta au maître. Il portait de jolies paires de souliers noires. Le chef de classe donna le ton et tous les élèves se tinrent débout. Il nous salua amicalement :

- Bonjour les enfants, comment allez-vous ?
- Bonjour Monsieur, nous allons bien !
- Bien, asseyez-vous !

Nous nous assîmes et croisâmes les bras comme nous l'avait conseillé monsieur Noé la veille.

- Si un étranger fait incursion dans la classe, tenez-vous sagement débout jusqu'à ce qu'il vous demande de vous rassoir ! Et si vous vous asseyez, croisez les bras ! Je ne veux pas de bavardage. Est-ce que je me suis bien fait comprendre ?
- Oui Monsieur !

L'étranger en question s'était installa sur la chaise de notre maître. A présent, il occupait en grand maître son bureau. Son regard était fixé sur ses différentes activités. Il suivait avec beaucoup d'attention son cours. Il tenait également un cahier sur lequel il écrivait incessamment. Je me demandais ce qu'il pouvait bien écrire puisque le maître n'avait élaboré aucune leçon au tableau.

De temps en temps, il se levait, sillonnait les rangées, puis s'arrêtait devant le tableau d'affichage du maître. Il semblait être venu pour un véritable contrôle apparemment. Puis, il souleva la tête vers le fond du plafond comme s'il était à la recherche de la moindre imperfection. Il toucha le mur de la classe et alla se rassoir. Tout se passait bien quand le maître posa une question :

- Qu'est- qu'un adjectif qualificatif ?
- Moi monsieur, moi monsieur, criaient quelques élèves le doigt en l'air.

Zié qui ne participait jamais en classe était bizarrement très motivé ce jour-là. J'ignorais s'il voulait impressionner le maître à la vue de l'étranger ou s'il était décidé à le noyer, mais il semblait très motivé. Néanmoins, le connaissant déjà, le maître évitait de courir le risque de l'interroger. Il craignait que l'infortuné remette en cause le déroulement notable de son cours.

Alors que Zié se faisait remarquer audiblement avec ces incessants « moi Monsieur, moi Monsieur », mais le maître ne l'interrogea pas. Cette fois, notre visiteur enjoignit à monsieur Noé de l'interroger en lui disant qu'il avait constaté qu'il ne faisait participer qu'une poignée d'élèves.

- Oui Zié !
- Euh… Euh un adjectif qualificatif est euh…

Il était resté là pendant deux minutes à chercher la réponse sans jamais pouvoir la trouver. Le maître était entré dans une colère rouge. Il s'efforçait de ne la laisser transparaître sur son petit visage arrondi. Ses lèvres tremblaient comme s'il guidait Zié vers la réponse.

Nous savions tous, y compris le maître que l'attente serait longue si cet élève devrait nous donner la définition de l'adjectif qualificatif. Il ignorait certainement qu'il venait de créer une situation calamiteuse. Tout à coup, la cloche sonna. Il était l'heure de la récréation.

Cependant, le maître décida de continuer le cours afin de ne pas perdre son fil conducteur. Là, il fit face à une grosse colère de l'homme en chemise blanche. Il se leva et lui ordonna de libérer les élèves.

- Ce n'est pas correcte ce que vous faites. Est-ce de cette façon que vous avez été formé ? Ce sont des enfants et la récréation est leur droit. Libérez-les ! Vous continuerez après la récréation.
- Sortez, allez à la récréation ! Nous continuerons plus tard, lança timidement le maître.

A cet instant, j'étais convaincue qu'il venait de commettre une grave erreur vu les remarques de son visiteur extraordinaire. Les faits et gestes du maître démontraient la spécificité de notre étranger. La confusion apparaissait de plus belle sur son visage. Loin de savoir ce que cette scène produirait comme effet dans le test de monsieur Noé, nous étions heureux d'arrêter tout et aller profiter de la récréation. J'y tenais foncièrement.

C'était le meilleur moment de partager avec ses amis, de découvrir les nouveautés sur le marché de l'école. Les vendeuses connaissaient bien notre psychologie. Il suffisait qu'un menu sorte de l'ordinaire pour que tous les élèves se ruent sur la vendeuse. A chaque récréation, nous étions donc impatients de dénicher les nouveaux menus.

Nous avions été sages à l'examen de titularisation de monsieur Noé, sauf que certaines imperfections avaient réussies à lui gâcher la journée. Le visiteur s'était retiré dans le bureau du directeur. Le maître l'avait suivi après la récréation en nous laissant des consignes strictes.

Monsieur Bamory Fing disait que le métier de maître était noble, mais qu'il était destiné à ceux dont les caleçons étaient troués. « Les enfants de pauvres doivent travailler deux fois plus que ceux des riches car ils n'ont rien d'autre à présenter que leur travail. Mais, là encore ils sont réduits à des fonctions de subalternes. Notre monde est cruel, c'est pourquoi je vous exhorte au travail. »…

Monsieur Bamory Fing nous avait prodigué ses derniers conseils d'usages après avoir distribué les convocations.

- La classe du CM2 est le miroir de l'école. N'allez pas me décevoir à l'examen ! Je suis conscient que nous n'avions pas fait tous les cours, mais le peu que nous avons vu pourra vous servir à décrocher votre CEPE. Toute l'école compte sur vous, y compris vos différentes familles. C'est pourquoi, je vais vous faire une proposition. Pour ceux qui seront intéressés, ils pourront cotiser la somme de 25 Francs. J'irai voir un marabout afin qu'il facilite votre admission.
- Oui monsieur, nous sommes d'accord. Nous allons payer. Lancèrent quelques élèves.

La plupart des élèves avait payé les 25 francs demandés par monsieur Bamory Fing. Nous allâmes à l'examen. Après la proclamation des résultats, seulement une vingtaine sur une cinquantaine d'élèves avaient été admis. De nombreux élèves s'étant acquittés de cette somme, n'étaient pas admis. C'était la honte de l'année pour le maître. Pour y faire face, il leur avait fait savoir que leur échec était dû à une insuffisance de rendement.

Il semblait qu'il avait dépensé cet argent dans ses besoins personnels. Le jour de la proclamation des résultats, je m'étais présentée seule dans mon centre d'examen vu que cela n'avait aucun intérêt pour mon père. Quant à ma mère, elle s'était rendue au marché pour son commerce. Elle n'avait aucune crainte concernant mon admission. Elle disait que j'étais chanceuse d'être bonne à l'école et qu'il fallait que j'aille très loin dans les études.

Elle s'était farouchement imposée à ma volonté d'intégrer le Centre d'Animation et de Formation Pédagogique après mon Brevet d'Etudes du Premier Cycle. A cette époque, l'Etat de Côte d'Ivoire avait lancé un recrutement massif d'instituteurs.

« Non, tu vas continuer tes études. Tu as la capacité d'aller plus loin, alors ne t'arrête pas en cours de chemin. Regarde tes frères ! Certains se sont adonnés à l'école buissonnière et sont restés hors du système scolaire. D'autres y sont allés, mais ils ont abandonné par la suite. Toi qui parviens à avancer plus aisément, il ne faudrait que tu abandonnes.

J'ai foi que tu peux me faire ce plaisir et je compte sur toi. » Disait ma mère.

Je la regardai avec beaucoup de compassion parce que ces paroles étaient non seulement emplies d'espoir, mais également de responsabilités. J'étais l'aînée de ses filles. Je devais être exemplaire afin d'amener les autres à suivre mes traces. D'après les sages, « dans la marche des pintades, toutes regardent la nuque de leur chef ».

Je récupérai ma collante et me rendu à la maison. J'avais intérieurement manifesté ma joie lorsque mon nom fut prononcé. J'allai ensuite présenter mon résultat à Sékou dans sa librairie. Il était très content et fier que j'ai décroché mon CEPE avec brio. Il m'avait étreinte en disant :

- Félicitations Fatou ! Je suis vraiment content pour toi. Que veux-tu comme cadeau ?
- Ah, je ne sais pas, ce que tu me donnes ! Répliquai-je toute souriante.
- Tiens donc 1000 francs !
- Merci mon grand-frère chéri !

Sékou renforçait ma confiance en moi-même. Il m'encourageait dans la poursuite de mes études. Il me rassurait qu'il supporterait les coûts. A la rentrée des classes, il s'empressait d'établir mes copies d'extraits pour l'inscription. Il comblait en quelques sorte le mépris de mon père vis-à-vis de mes études…

Le soir, je montrai ma collante à ma mère. Je sentis une grande joie illuminer son visage. Elle braqua son regard sur moi, puis cria :

- Wooooh, ma fille a été admise ! Merci Ya Allah pour cette grâce ! Je ne connais ni la nuit, ni le jour, je dis toujours Allah. Que ma souffrance et celle de ma fille ne soient vaines ! Je savais que tu serais admise car tu es studieuse.
- Oui, Dieu n'oublie jamais ses enfants. Je le remercie. Je t'avais dit que je montrerai à Bah que je réussirai sans les annales qu'il a refusées de m'acheter.
- Laisse tomber, c'est du passé à présent. Dans la vie, toute personne qui refuse de faire face aux difficultés de la vie ne peut prétendre au bonheur.

Pour elle, les difficultés nous poussaient vers notre objectif et il ne fallait pas s'y attarder au point d'oublier ce à quoi nous aspirions. Sa philosophie de la vie était si simple que d'aucuns l'assimilaient à de la naïveté. Elle était très positive et très emphatique au point de ressentir les peines les plus profondes et les difficultés des autres.

Passé l'euphorie de ma réussite au CEPE, il fallait se focaliser sur l'avenir. Comme à l'accoutumé, c'était Sékou qui se chargeait de payer mes frais de scolarité et mes fournitures scolaires. Ma mère prenait en charge les autres accessoires tels que l'uniforme, les chaussures, etc. Elle était une femme battante qui avait réussi dans le commerce de produits pharmaceutiques.

Un commerce qui avait sûrement ses risques. Les agents de la Sureté étaient toujours aux trousses de vendeurs de produits trafiqués ou rentrés frauduleusement dans le pays. Ce commerce lui avait permis de s'enrichir et d'être à l'abri du besoin. Elle avait réussi à construire une relation de confiance avec sa clientèle. Même, de retour du marché, ses clients l'a retrouvait à la maison pour faire leurs achats. Je l'accompagnais les jours fériés afin de l'aider dans son commerce.

Elle adorait partager de ce qu'elle avait avec les autres, peut-être estimant être à l'abri de leur jalousie. Chaque fête de Noël, elle offrait des cadeaux à tous les enfants de la cour sans exception. De même, elle proposait un peu d'argent à mon père afin de l'aider dans le paiement des factures. Un acte que Bah n'appréciait à sa juste valeur car il considérait le don de la femme comme un cadeau empoisonné.

Ma mère acheta des tissus pour confectionner deux uniformes. Je portais l'un quand l'autre était sale. Elle m'avait également acheté des chaussures fermées à talons dans la friperie. J'étais ravie de porter ses chaussures car elles me donnaient un coup d'éclat. J'avais hâte de la reprise des cours. J'avais demandé à Sékou de choisir le Lycée municipal de Korhogo et le Collège moderne de Korhogo. Cependant, je fus affectée au Lycée municipal.

Parmi mes frères, seulement deux d'entre eux avaient été scolarisés. L'un s'était limité à la classe du CM1, tandis que l'autre s'était résigné à la classe de CP2. Moustapha était intelligent et il aurait pu avoir un excellent parcours scolaire, mais il jeta vite l'éponge avant même qu'advienne son échec. Je prenais plaisir chaque soir à lui offrir des séances de répétition jusqu'au jour où je fus violemment réprimandée par le vieux.

J'étais consciente des capacités intrinsèques de mon petit-frère. Par contre, celui-ci manquait de confiance en lui-même. Il avait construit une barrière entre lui et les contenus d'apprentissages. Cette attitude me choquait tellement que je n'hésitai pas à lui infliger quelques coups de chicote. Aussitôt, mon père se leva de sa chaise et se pencha vers moi.

- Fatou, pourquoi le bats-tu ? Les études sont-elles une obligation au point de le battre ?

- Bah, il fait exprès en refusant juste de répéter ce que je me tue à lui expliquer. Je lui demande simplement de faire un effort.

- Alors vas-y doucement !

Plus nous travaillions, plus il ne manifestait aucune volonté de se surpasser. L'intervention de Bah lui avait servi de soutien pour se braquer contre mes consignes de travail. S'en était de trop, il fallait lui donner une bonne correction. De toutes les façons, je le faisais pour son bien car j'étais convaincue qu'il comprendrait plus tard la nécessité d'avoir agi ainsi pour sa réussite. La chicote était le moyen le plus prisé pour susciter la motivation auprès des apprenants. Je lui appliquai intermittemment des coups sur les fesses. Mon père s'approcha, m'ôta subitement la chicote.

- Assez ! Il n'est pas ton enfant. Ce n'est pas toi non plus qui paies ses fournitures scolaires. Alors, laisse-le en paix ! Aller à l'école n'est pas une obligation. S'il n'aime pas, tu ne peux l'obliger à aimer.

- Il le regrettera forcément un jour. Aujourd'hui, il n'en est pas conscient, c'est à nous de l'aider à passer ce cap. Je pensais bien faire. Je crois que je vais arrêter les séances de répétition avec lui.

- Oui il faut arrêter, c'est mieux ainsi.

Mon frère murmura : « je ne veux plus aller à l'école si on doit toujours me bastonner pour cela ». Les enfants qui refusent d'aller à l'école ne comprennent pas toujours le bien-fondé de la scolarisation. Plus tard, lorsque leur consciente mature, ils plongent dans le regret. C'est pourquoi, il ne faudrait pas se fier à leurs propos dans ces circonstances. La chose à faire était de les pousser, même malgré eux vers ce qui pourrait être bénéfique pour eux...

Mon petit-frère mit fin ainsi à ses études. Le second, quant à lui, était plus réfractaire que le premier. Je l'accompagnais de force chaque jour à l'école. Il revenait toujours sur ses pas dès qu'il me perdait de vue. J'expliquai à son maître qu'il s'adonnait à l'école buissonnière.

- Bonjour monsieur, j'accompagne mon petit-frère en classe. Veuillez à ce qu'il ne revienne pas à la maison. Il refuse de rentrer en classe.

- Bonjour, il n’est pas seul. Ils sont nombreux les enfants qui font comme lui. Est-ce qu’on lui donne un peu d’argent pour la récréation ?

- Oui monsieur. Ma mère lui remet toujours 25 F pour la récréation. Il les dépense et retourne à la maison sans entrer en classe.

Le maître lui demanda alors d’aller s’assoir. Nonchalamment, il se dirigea vers les tables-bancs placés en arrière puis s’assit. Visiblement, il n’était pas choqué par la révélation que je fis à son maître. Il affichait plutôt un air d’insouciance accentué d’une sérénité reprochable. Le maître me permit de retourner à la maison. Il m’avait rassurée de lui accorder beaucoup d’attention afin qu’il ait le goût de l’école.

Cependant, il ignorait à quel genre d’enfant il avait à faire. Après la récréation, l’enfant ne remit plus les pieds en classe. Il alla se camoufler derrière les bâtiments opposés à ceux de son école. Son maître avait juste remarqué son absence après la récréation, mais il ne put alerter la famille. Il avait omis de prendre les contacts de mes parents. D’ailleurs, ma mère n’en avait pas. Et il était inadmissible que Bah abandonne ses nombreux visiteurs pour gérer le vagabondage scolaire de mon frère.

La routine suivait son cours avec le même périple d’actions qui se répétaient dans les mêmes situations. Il restait toujours derrière les bâtiments jusqu’à 12 heures. Dès que la cloche retentissait, il accrochait son cartable au dos et sautillait jusqu’à la maison. Nul ne soupçonna qu'il restait hors des classes étant donné qu'il revenait à chaque fin de cours joyeux.

Le mercredi, après mes cours, je voulus me rendre au marché de l'école afin d'acheter du jus. Des arbres et des buissons servaient de clôture en délimitant les contours de l'école. Ils étaient également des raccourcis empruntés par les élèves pour se rendre plus vite à la maison. En empruntant mon raccourci favori, je vis un élève retranché derrière les bâtiments jouant dans le sable. Il était tellement engagé dans son jeu qu'il fut ébahi de me trouver là coïte devant lui. Du coup, il resta silencieux, les yeux hagards comme s'il avait été surpris par un lion en pleine brousse.

- Ah bon ! Continues-tu de t'adonner à l'école buissonnière ? Quel genre d'enfant es-tu ? Je ne t'épargnerai pas aujourd'hui. Lève-toi, je t'amène en classe. Je dirai à ton maître de bien te bastonner cette fois.

- Pardon, je vais rentrer désormais en classe. Stp ne dis rien à personne !

- Je ne te crois pas. Le maître ne t'a pas battu la dernière fois, c'est pourquoi tu as continué à t'adonner l'école buissonnière. En plus, je ne m'arrêterai pas là ; je dirai tout à maman Assa.

- Pardon Fatou !

La cloche sonna, je le trainai donc jusqu'à la maison. Ma mère fit savoir qu'elle était fatiguée avec cet enfant qui n'appréciait pas ses efforts pour le voir réussir un jour.

L'épineuse succession de Bah

J'appris à ne compter que sur ceux qui se rendaient disponibles pour moi, ma mère et Sékou. Ces deux personnes avaient réussi à combler le vide autour de moi. Mon père avait tenté de préparer Sékou par rapport à sa succession. Cependant, confronté au désintérêt de ce dernier, il se concentra sur Baba.

Celui-ci vivait désormais au village. Il s'était finalement accommodé à la vie du village. Il labourait les terres de Bah ensemble avec son épouse. Ils réussirent à faire des champs de riz, de maïs, d'anacarde, d'arachides, etc. Mon père possédait également un pâturage contenant un troupeau de bœufs et de cabris. Baba revenait de temps en temps en ville pour faire le point de ces affaires au vieux.

Bah avait essayé en vain l'élevage de moutons. Même quand achetait son bélier pour la fête de la Tabaski, il le faisait la veille de peur qu'il ne meurt avant. Il avait donc compris que c'était une activité qui ne lui réussissait pas. Je me souvins que ma mère avait entrepris à son tour de faire de l'élevage de moutons. Elle avait acheté deux moutons, un mâle et une femelle qu'elle avait gardés dans le pâturage d'un de ses oncles.

La brebis mit bas. Alors, elle décida de les ramener à la maison. Un jour, tout le petit troupeau disparut sans que l'on sache où il se trouvait.

Ma mère engagea des recherches partout dans la ville sans succès. Nous savions que l'élevage de moutons était la dernière chose à envisager à la maison. Les succès de Baba dans l'agriculture commençaient à susciter des scènes de jalousies au sein même de la famille. Au départ, pour beaucoup, le jeune-homme n'aurait pas pu tenir ni devant les difficultés des travaux champêtres, ni devant la monotonie de sa nouvelle vie de broussard.

Bien qu'il vivotait au village, il ne le faisait pas savoir à ceux qui voulaient le voir dans cet état. Toutes les moissons, les unes après les autres étaient impressionnantes. Des voix discordantes s'élevèrent pour dire que le jeune-homme commercialisaient des sacs d'arachides et de maïs à l'insu du vieux.

- Baba détourne des sacs d'arachides et de maïs pour les revendre sans que tu ne sois au courant de rien. Mentionna l'une de mes mamans.
- Arrêtez-ça ! Pourquoi voulez-vous me mettre en conflit avec celui qui a accepté ma volonté ? Même si vos remarques étaient justifiées, n'est-ce pas le fruit de son travail ?
- Ah woooh ! Le jour où il ne t'enverrait plus rien, c'est sûr que tu me comprendras.

Comme de la magie, tout le monde commença à s'intéresser aux travaux champêtres. D'aucuns étaient parvenus à la conclusion suivante : « si le vieux a confié ses terres à Baba, il veut simplement dire que c'est Baba son héritier » …

Les regards se tournaient à présent vers le jeune-homme dans le mauvais sens. Issu d'une famille polygamique où chaque épouse cherche contre vents et marrées à positionner sa progéniture, il s'était aussitôt retrouvé comme dans des braises ardentes. Les coups, il en recevait de partout. Je le plaignais. Pourtant, il ignorait le gouffre dans lequel Bah l'avait projeté. Ma mère lui avait demandé de se retirer de toutes ses charges qui attirent le mauvais œil. Rien n'y fut. Comment pouvait-il mettre en branle la confiance que le vieux avait mise en lui ?

- Je ne peux pas abandonner le vieux au moment où il a le plus besoin de moi. Il m'a construit une maison au village afin que j'ai un œil sur ces affaires. Il m'a confié une grande responsabilité. C'est donc normal que ceux qui n'approuvent pas cette décision s'agitent.

- C'est pour ta protection que je le dis. Tu n'es pas le vieux Dagnogo. Jusqu'à quand pourrais-tu encaisser les coups ?

- Eh la vieille, tu t'inquiètes pour peu !

- Ah wooooh, je t'aurais prévenu. Tu méconnais les Sénoufos. Ils sont très attachés à l'héritage et sont prêts à tout pour s'en accaparer. Ta vie pourrait être gâchée uniquement pour cela. Même moi que n'ont-ils pas entrepris pour juste me nuire ? J'ai enduré toutes les formes de souffrances et d'humiliation dans ce foyer. J'étais comme installé sur des braises ardentes. Qu'ai-je fait de mal et à qui pour mériter un tel traitement ? C'est Dieu qui m'a donné ces enfants, doivent prendre une hache et leur arracher la tête ?

Certaines de mes mamans se plaignaient du nombre d'enfants de ma mère en disant : « quelle est ce genre de femme qui accouche comme une mère poule ? Jusqu'à quand allons-nous continuer à leur faire à manger ? Elle a complètement inondé la cour avec ses enfants ». J'avais surpris ma première maman un jour en train de rabâcher les oreilles de Bah avec ces mêmes refrains.

- Que voulez-vous donc ? Voulez-vous que je brise leurs têtes pour vous faire plaisir ? Ça, je ne le ferai jamais. Ce que vous refusez de voir s'accomplira malgré vous. Répliquait violemment le vieux.

Ces paraboles me tordaient mes méninges car je ne prenais jamais au premier degré les dires. Je m'en servais juste pour décoder le sens réel qui se trouvait englouti dans l'apparence syntaxique. Je compris que le sage communiquait ainsi pour éviter de choquer et de préserver la dignité.

Baba ne se rendait pas compte de tout ce qui se tramait dans les ténèbres contre lui. Telle que la goutte d'eau avait eu raison du rocher, ses ennemis finirent par instaurer le doute entre lui et le vieux. Alors, mon père se rapprocha de Kolotioloma pour non seulement épauler son grand-frère, mais aussi le surveiller. Pour une fois, le nombre de sacs d'arachides avait un peu diminué.

Je vis mon père souvent se débattre entre ses femmes en voulant satisfaire chacune d'elles. Je sus combien il était difficile pour un homme subissant l'envoûtement fréquent de ses épouses d'être juste envers elles toutes. Mon regard vis-à-vis de la polygamie était devenu plus péjoratif car depuis mon enfance je n'avais jamais perçu sa valeur, encore si elle en avait. Comment pouvais-je porter un bon jugement sur cette chose qui avait contribué à morceler ma famille ? Comment pouvais-je accepter cette chose qui fit plus de dégâts que de biens au sein de ma famille ?

Ma distance par rapport à la polygamie s'était justifiée par des événements aussi douloureux les uns que les autres. Que n'avions-nous pas subi à cause de la polygamie ? Du fait de cette chose, nous nous sommes retrouvés au cœur de certaines aventures que nous n'avions nullement souhaitées. Des événements qui nous avaient été défavorables à la limite.

Pour une histoire de vente de poulets, l'une de mes grandes sœurs avait violemment poursuivi Baba avec une machette. Ce dernier ayant compris la haine qui l'animait pris la poudre d'escampette à ses dépens.

- Attends-moi ! Je vais t'arracher la tête. Tu viendras me trouver ici si tu remets encore les pieds dans cette cour. Si ta maman vient du marché et s'y oppose, je ferai de même pour elle également. Lança-t-elle sèchement.

- Je vais rentrer dans la cour parce qu'elle ne t'appartient pas. C'est Bah seul qui est habilité à prendre une telle décision et non toi. Vas te chercher un mari au lieu de t'ériger en maîtresse absolue dans la cour de ton père ! Lui répondit Baba.

Cette scène s'était produite avant même que Bah ait décidé de confié ses champs à l'infortuné. Il s'était absenté pour aller régler des conflits fonciers au village. Ma mère disait que depuis sa grossesse qui avait donnée naissance au jeune-homme, il avait toujours été sujet à des attaques mystiques. Bah en avait contrées plusieurs. Malheureusement ou heureusement, il avait survécu. Ce fait n'avait pas suscité la fin des guéguerres. La sorcellerie à ciel ouvert s'empara de la famille avec pour plan diabolique de faire tomber Baba ou à défaut de détruire sa dignité.

Je comprenais, mais lui ne semblait pas comprendre. Que valait un homme sans dignité ? Pouvait-on confier une responsabilité à un homme indigne ? Le tour était donc joué et il fallait s'y mettre ardemment…

Le soir à son retour, je l'entendis crier :

- Baba, Baba n'est-il pas là ? Appelez-le vite !

- Euh Bah, il n'est pas là ! Répondit l'un de mes frères.

- Où est-il donc passé ?

- Il y a eu un grand conflit à ton absence. Baba a été poursuivi avec une marchette. De peu ma grande sœur lui aurait tranché la tête.

- Appelle-moi ta grande sœur !

- Est-ce vrai ce qui m'a été raconté ?

Elle baissa la tête, n'osant pas affronter le regard du vieux.

- Je répète, est-ce vrai ce qui m'a été raconté ?

Elle acquiesça par un mouvement de la tête.

- Ah bon ! Qui es-tu pour le chasser de la cour ? Qu'as-tu bien fait d'honorant pour moi ? As-tu eu un mari ? Tu ferais mieux d'en trouver un qui t'offrira un foyer où tu iras dicter tes lois. Vas à la recherche de ton frère ! Dans le cas contraire, fais tes bagages et quitte ma cour !

- Bah, Baba est dehors. Il a peur de rentrer dans la cour. Cria une voix.

- Dites-lui de venir ! Je suis là et il n'a rien à craindre.

L'humiliation était grande. Bah fulmina pendant une dizaine de minutes des menaces à l'égard de la belligérante. Ma grande sœur l'écouta attentivement. Toutefois, un sentiment de rancœur transparaissait sur son visage. Lorsqu'on Bah lui demanda de disposer, une fois hors de sa vue, elle murmura : « vous me méconnaissez. Baba va me le payer. Je suis une vipère. À ma vue, je ressemble à une personne inoffensive, mais en réalité je suis très dangereuse ».

Selon ma mère, il fallait éviter les conflits car disait-elle : « il y a des personnes qui transportent leurs conflits dans le monde métaphysique surtout quand ils n'ont pas pu les résoudre dans le monde physique.

C'est pourquoi, je vous exhorte à la tolérance. La vie a plusieurs dimensions, ce n'est pas uniquement ce que vous voyez à l'œil nu ».

Ma mère avait un cœur d'ange. J'admirais sa force de maîtrise de ses pulsions. Parfois, je trouvais qu'elle était froussarde n'osant pas affronter sa peur pour faire face à l'adversité.

« Ma grand-mère m'a conseillé d'éviter toute personne imbue de sa personne et très révoltée. Ce sont généralement des personnes qui ont un terme de vie raccourci. Si tu te laisses aller à leur provocation, tu seras accusé d'être le coupable de leur mort le jour où elles trépasseront ». Expliqua-t-elle.

Mes grandes sœurs faisaient la rivalité de leur maman à leur place. Elles ignoraient peut-être que cet acte impacterait négativement leur vie. Je ne m'étais jamais mêlée des conflits entre mes mamans. Bien au contraire, je travaillais pour chacune d'elles. Je les aidais dans la mesure du possible dans leurs tâches ménagères.

Les querelles s'étaient intensifiés que ma mère pris la fuite pour se réfugier en famille. Elle n'avait prévenu personne de l'endroit où elle allait. Elle m'avait tout simplement remis quelques pièces d'argent afin d'offrir le goûter à mes cadets. Cette période fut très difficile. J'étais devenue comme une servante à la maison. C'était moi qui faisais tout le temps le ménage et mal de peau si je faisais remarquer ma fatigue.

- Ce n'est pas le ménage de ta mère, raison pour laquelle tu es fatiguée. Disait ma seconde maman.

- Ce n'est pas cela. Je suis juste épuisée.

Elle savait bien que cette vision des choses m'affectait. J'étais contre la division et tout ce qui pouvait tourner autour.

Selon les sages : « Là où la désunion règne, la paix s'évapore ». Une haine viscérale était surtout dirigée contre une seule personne avec des intentions lugubres de la voir disparaître. Comment peut-on comprimer toutes ses énergies à la destruction de l'autre ? Je sus que l'écart entre la haine et la sorcellerie était très étroite. Je vis à quel point une personne haineuse était plus disposée à la sorcellerie que celle prônant l'amour.

Nous étions battus à raison ou à tort pour le plaisir de nos neveux. Ma mère en avait marre et avait trouvé refuge chez son petit-frère en Abidjan. Elle avait besoin de changer d'environnement, de souffler. Sa vie s'était transformée en un cauchemar qui tardait à prendre à fin. Elle avait été obligée de quitter la maison avec Moustapha qui n'avait que quelques mois.

Les railleries concernant sa disparition ont fini par me convaincre que ma mère nous avait abandonnée.

- Aaaaaah, aaaaah, elle n'a pas dit qu'elle peut, mais pourquoi a-t-elle fuit alors ? Ironisait l'une de mes grandes sœurs.

- Qu'elle remette les pieds ici de nouveau, ce que nous lui avons fait sera incomparable à ce qui viendra. Assénait une autre.

A cet instant, je me questionnais intérieurement : « Maman Assa nous a donc abandonnés ici aux mains de nos bourreaux ? Je comprends mieux les agissements des uns et des autres à présent. Quand est-ce que tout ceci prendra fin ? Chaque jour, il y a des périples aussi chauds les unes que les autres. »

Mon père ignorait également où ma mère s'était rendue. Ses enquêtes ne lui avaient pas permis d'avoir la réponse à ses interrogations. Il m'appela dans sa chambre et me dit :

- Fatou, je sais que les coépouses de ta mère la hait énormément et moi-même j'avoue que je ne saurais expliquer la haine qui les anime. Si tu sais où est ta mère, dis-moi afin que j'aille la chercher.
- Elle m'avait dit qu'elle reviendrait le même jour. J'ignorais qu'elle mettrait tout ce temps.
- T'a-t-elle donné des informations sur sa destination ?
- Non, elle ne m'a pas donné de précisions.

Bah pensait que ma mère m'avait confié plus d'informations sur son voyage. Il venait ainsi d'avoir la confirmation que je ne savais pas grand-chose à ce sujet. Maman Assa était revenue de son voyage après deux longs mois. Un moment tumultueux empreint de souffrances, de crainte et de douleurs. Une grande joie illuminait nos visages quand elle franchit l'entrée de la cour. Nous accourûmes tous :

- Maman Assa est venue, Maman Assa est venue…
- Doucement, vous allez me faire tomber.
- Où étais-tu passée ? Tu m'avais pourtant dit que tu viendrais le soir. Dis-je.
- Humm, prends mon sac !

Ce « humm » en disait long et je n'étais pas dupe. J'étais bien consciente de tout ce qui avait cours à la maison. L'atmosphère qui y régnait ne devrait pas permettre à toute personne normale de pouvoir y vivre sereinement. En même temps, c'était intriguant de savoir la raison d'une telle haine.

- Pourquoi toutes ses femmes sont rangées du même côté pour te nuire ? Je veux savoir parce que je ne comprends.
- Moi aussi, je souhaiterais savoir les raisons d'une telle haine. Pourtant, je n'ai rien fait à personne. Je partage toujours de ce que j'ai. Elles se plaignent que j'ai inondée la cour avec mes enfants. Dois-je assassiner mes enfants pour leur faire plaisir ? A dire vrai, il s'agit de « yé ko kèrè [21]» et non rien d'autre…

Maman Assa était parvenue à la conclusion qu'elle était tout simplement combattue pour les bienfaits que Dieu lui avait accordés. Elle n'était nullement pas coupable. Pour elle, si l'on devait rechercher le coupable, c'était à Allah seul que ces coépouses devraient s'en prendre. « Tout individu qui s'oppose à la volonté de

[21] ***S'en prendre aux autres pour ce qu'ils possèdent de bien en apparence.***

Dieu doit s'en prendre à Lui et non à ceux qui bénéficient de sa grâce ». Affirmait-elle.

Qui pouvait combattre Dieu au risque de se voir anéantir ? On préfèrerait s'enrager contre les privilégiés pour ce qui n'était pas de leur propre ressort. Quel paradoxe auquel restaient plongés des personnes s'étant laissés obnubilés par la haine et la jalousie !

Désormais, Baba se faisait aider de son petit-frère. Cependant, ce fait suscita davantage de méfiance de la part des autres mamans qui trouvaient qu'il s'agissait des enfants de la même femme et cela était insupportable à leurs yeux. Elles n'avaient jamais pu apprécier tout ce qui pouvait venir de cette femme y compris de ses enfants. Elles s'étaient adonnées à une haine gratuite et destructrice. Même s'il fallait sortir de cette histoire bredouille, c'était préférable que les enfants de cette femme s'approprient les biens de Bah.

L'adversité ayant pris des proportions incontrôlables, Baba fut obligé de quitter la maison familiale pour se réfugier chez l'un des cousins de ma mère. Un homme armé d'un fusil tira subitement à bout portant sur lui. Il gisait dans le sang entouré d'une foule qui se ruaient sur le corps afin de le dévisager. Ma mère s'était également empressée d'aller découvrir le visage du jeune-homme qui venait d'être ainsi lâchement assassiné.

Elle était très anxieuse sans pouvoir expliquer concrètement les raisons de son anxiété. Elle essaya de se frayer un chemin dans la foule et parvint jusqu'au corps du jeune-homme étendu de tout son long sur le sol. Que ne fut sa stupéfaction ! Il s'agissait du corps de son fils. Elle s'effondra en larmes en saisissant sa tête. Soudain, elle sursauta de son lit en marmonnant : « Baba, Baba, Baba... »

Elle venait de sortir un cauchemar. Celui-ci était plutôt proche d'un rêve de prémonition en guise d'alerte et d'avertissement par rapport à un malheur dans un futur proche ou même lointain.

Ma mère avait cette prédisposition d'être avertie du danger. Elle l'avait héritée de sa grand-mère maternelle qui selon elle était une « gnangban[22] » c'est-à-dire repousseuse du mal occulte et de la sorcellerie.

Elle m'avait raconté les prouesses de mon arrière-grand-mère en matière de traque des sorciers. Pendant leurs vacances chez cette dernière, elle ne tardait pas à humilier ceux, qui friands de la chair humaine, osaient s'attaquer à ses petits-enfants.

- Bonsoir Sankoroba, qui sont ceux-là encore ? Ils sont mignons !

- Vous ferez mieux de passer votre chemin car ceux-là sont de passage et donc immangeables.

Mon arrière-grand-mère lui avait appris une panoplie d'incantations pour repousser les sorciers. Elle les récitait chaque fois qu'elle pressentait des attaques mystiques. De même, face aux repas douteux, elle prenait soin d'en réciter toujours. Elle disait que sa grand-mère lui avait conseillé de réciter une incantation toutes les fois qu'elle

[22] ***Qui capture les sorciers.***

éprouverait un sentiment de doute sur un quelconque repas ou boisson qu'on lui aurait offert.

« Sankoroba disait que l'homme était méchant et prêt à tout pour nuire. Si tu dois consommer de la nourriture ou de la boisson et que tu as des suspicions, utilise ton auriculaire droit et plonge-le dans la nourriture, puis sur ta langue un nombre de fois en prononçant « ka ka walidjou, ka ka walidjou ». Ensuite, tu pourras la consommer sans danger », clamait maman Assa.

Elle était donc consciente de la gravité de la situation. Il fallait éloigner Baba du danger qui le guettait. Le téléphone étant moins populaire à cette époque. Une autre préoccupation qui avait sûrement une incidence sur le problème qu'elle tentait de résoudre. Selon ses propres termes : « lorsque Dieu soutient une cause, elle n'échoue jamais ». C'était comme si quelque chose avait attiré Baba vers la ville ce jour-là. De même, l'oncle de ma mère lui avait urgemment enjoint de prévenir le jeune-homme de ne pas passer cette nuit au village. Ma mère lui avait raconté son rêve qui suscita davantage l'émoi.

- S'il s'entête à passer la nuit là-bas, ce sera la fin pour lui. Aujourd'hui même, il doit partir d'ici car les jours sont sombres et l'ennemi est déchaîné.
- Hé Ya Allah ! Sauve-moi et mes enfants ! Ô Dieu, Fasse que Baba m'écoute pour une fois et accepte de partir d'ici !

Le concerné était loin de s'imaginer qu'il serait un fugitif en train flâner sur d'autres cieux pour sauver sa peau. Le complot qui fut orchestré cette fois ne devrait pas lui laisser d'échappatoire. Il fallait non seulement l'éteindre, mais également éteindre tous ceux qui s'opposeraient à cette entreprise. Ma mère le mit face au fait accompli. Fuir et survivre ou rester et perdre la vie. Le choix entre ces deux décisions restait inévitable.

De par ses actions, Baba avait inconsciemment attisé le feu de la rancœur auprès des siens. Ses actions étaient accompagnées certes de bonnes intentions, mais elles étaient différemment interprétées par l'ennemi.

Le berger qui surveillait le troupeau de bœufs de Bah s'étaient enfuit avec tout le bétail. Baba et son ami Arouna l'avaient pourchassé jusqu'au village voisin. Là, ils furent surpris d'être stoppés dans leur élan par des « dozos ». Aussitôt, ils furent ligotés et battus comme des gangsters. En apprenant la nouvelle, le vieux ordonna qu'ils soient immédiatement relâchés.

Cependant, qui avait donné l'ordre pour qu'ils soient arrêtés ? Une préoccupation qui intrigua profondément le vieux. De même, des « dozos » depuis Natiokôbadara avait mis la main sur son troupeau de cabris pâturé en cet endroit. Qui avait également ordonné un tel acte ? Pourquoi le troupeau de bœufs et celui de cabris regroupés en des lieux opposés avaient été ciblés au même moment s'il ne s'agissait pas d'un complot ?

Ses soupçons s'étaient avérés. Il était bel et bien question d'un complot initié avec certains membres de sa propre famille sous le prétexte fallacieux d'avoir légué son héritage à Baba. Des proches du vieux avaient préféré sacrifier leur dignité pour des biens matériels. C'était dommage, mais le mal était fait. C'était un pacte de non-retour signé avec le diable et il fallait l'assumer jusqu'au bout.

Les ennemis de Bah avait profité de la guéguerre qui avait cours à la maison pour l'atteindre. « Un mur fissuré est une porte ouverte à l'ennemi », disait le sage. C'était une opportunité à saisir pour ceux qui avaient usé de stratagèmes sans succès pour faire tomber le vieux.

Ma mère joignit son cousin afin qu'il accueille le jeune-homme dans sa demeure. Tonton Kokê avait été témoin de l'adversité qui régnait dans le foyer de sa cousine. Il n'eut pas d'objection par rapport à l'aide inespérée que maman Assa attendait de lui. Baba partit clandestinement de la maison le cœur meurtri. Il était conscient que personne au sein de la famille n'abandonnerait tout pour une vie de broussard.

Ni mon père, ni son épouse n'avaient été informés de son départ forcé. De toute façon, Bah ne l'aurait jamais accepté. Pourtant, l'évidence était là, implacable. Le complot était tellement bien orchestré que même le vieux n'avait pas vu venir le danger. Des personnes insoupçonnées étaient impliqués dans cette affaire contre lui. Une trahison à laquelle il ne s'était pas préparé. Que pouvait-il faire ?

Comme on le dit bien chez nous : « si ton propre couteau t'a causé une blessure, tu ne le jettes pas à la poubelle ».

Il venait d'apprendre la disparition de Baba, un autre coup dur à supporter. Il initia un interrogatoire, d'abord avec ma mère, ensuite avec mes frères, afin de découvrir la cachette du jeune-homme. C'était vraiment une peine perdue à moitié car tous nous avions compris la nécessité de cette fugue.

Peu s'en ait fallu pour que le rêve de maman Assa se réalise. Au moment où Baba quitta le village, quelques secondes après, un homme s'était présentait chez lui armer d'un fusil. Il entra dans la chambre du jeune-homme tout enragé.

- Où est-il ? Je vais en finir avec lui aujourd'hui et nous serons tous en paix. Qui est-il lui ? Il n'est pas l'aîné de la famille, je ne le reconnais pas. C'est Chaca que je considère comme l'aîné. Grondait-il en parcourant couloirs et chambres à la recherche de Baba.
- Il n'est pas ici. Il vient juste de partir en ville. Répondit l'épouse du jeune-homme, tétanisée.
- Ah, il a certainement été chanceux aujourd'hui. Si je l'avais trouvé en cet endroit, je ne l'aurais pas épargné. Ce serait mieux qu'il reste en ville pour de bon car si je l'aperçois encore dans ce village, je n'hésiterai pas à le tuer.
- Hé !

Aussitôt, l'épouse de Baba s'empressa de rejoindre son mari en ville. Ce qu'elle venait t'entendre et la rage de cet homme de vouloir en finir avec son époux était bouleversant. Son époux ne devrait pas retourner au village dans ce climat très hostile. Elle raconta à la lettre près le déroulement de l'incident qui eut lieu au village. Le vieux remua la tête et fixa d'un regard profond sa nièce. Il savait désormais ce qui se passait.

L'homme dont il était question était l'ami intime de mon cousin. Ce dernier avait grandi chez mon père. Il était même intégré dans la famille avant qu'il ne soit autonome. Les menaces proférées par Adama son ami n'étaient que la traduction de ses vœux propres à lui. Cet incident permit de le mettre au grand jour. Chaca avait toujours lorgné l'héritage du vieux. Vu que Bah ne l'impliquait pas dans la gestion de ces biens, il le supportait mal. Même s'il n'était que le premier fils du grand-frère de Bah, il avait vu naître tous ceux à qui il confiait à présent ses biens.

Les choses commencèrent à se clarifier peu à peu. Il avait certainement réussi à convaincre les autres de faire un bloc contre ce qu'ils considéraient comme un affront. Les « dozos » avaient été sollicités à cet effet. Ils étaient déterminés à faire plier Bah sur tous les plans. Certains avaient pris faits et causes pour eux, tandis que d'autres voyaient en cette situation l'occasion de régler leurs comptes avec le vieux.

Sékou dit Colonel Sékou, Kalamogo Cissé, et bien d'autres chefs « dozos » avaient été impliqués dans cette affaire. Le vieux tombait des nues. Ces élèves venaient d'orchestrer un complot contre lui Bah qui a toujours été là pour eux. Il s'était rendu compte que même celui qui l'avait remplacé à la tête de la chefferie des « dozos » avait pu cautionner une telle fronde. Il disait que : « la trahison par les siens est la pire des trahisons ».

Dans cette période difficile, je fus particulièrement touchée par son sang-froid. Malgré tout ce que des personnes extérieures lui rapportaient par rapport à ce complot, Bah restait toujours silencieux. Je me souvins le jour où les « dozos » se préparèrent contre lui en plein mois de Ramadan pour en finir définitivement avec lui. Ils savaient que mon père était musulman et qu'il serait probablement en état jeûne.

Le lieu de la forfaiture avait été choisi avec la caution morale du chef des « dozos ». Des fétiches furent adorés en ce lieu. Des animaux y furent également enterrés vivants. Sékou dit Colonel Sékou était l'instigateur de cette rencontre, lui-même s'étant déployé dans l'exécution de plusieurs sacrifices d'animaux…

La place réservée au vieux avait été mystiquement préparé de sorte qu'il ne puisse se lever de là vivant. Des défis furent lancés. Chacun montra sa puissance pour éteindre mon père. Quand tout fut fin prêt, ils envoyèrent deux de leurs disciples chercher Bah à 14 heures. Pour tous ceux qui connaissaient le jeûne musulman, cette heure était très sensible et délicate en même temps. Par contre, l'intention étant malsaine en elle-même, il fallait frapper là où la douleur pouvait être facilement ressentie.

- « Kalamogo ni kô », « olièw[23] » tu es demandé ? Lança une voix.
- Où ?
- Dehors. Allons-y, je t'accompagne !
- Allons-y !

Bah suivit les deux hommes jusqu'à l'endroit indiqué. Il fut dirigé sur le siège envoûté à cet effet. Le vieux avait fait une entrée triomphale que ceux qui avaient été témoins des nombreux défis lancés à son endroit allèrent s'agenouiller auprès de lui.

Subitement, Colonel Sékou prit du feu et le glissa sur tout son corps. Chacun d'eux exécuta ses exploits dans le « dozoya » devant mon père. Il les regarda, puis plongea son regard tout droit devant lui. En le voyant ainsi, j'avais compris son message. « Un élève qui démontre ses exploits à son maître, n'est pas loin de la déchéance », affirmait-il. Quand ils finirent leurs démonstrations, mon père leur demanda :

- Avez-vous fini ?
- Oui, tu peux partir « Olièw ».

Quelques disciples accompagnèrent le vieux à la maison. La déception se lisaient sur les visages. D'aucuns restaient ébahis, observant mon père rentrer chez lui.

---

[23] Le sage

- Ah, vraiment le vieux-là est un homme ! Avec tout ce qui a été entrepris, je ne croyais pas qu'il pouvait se lever d'ici. Tonna un disciple.
- Effectivement, Kalamogo Cissé avait promis qu'il sera capturé et ligoté aujourd'hui. Et, c'est eux qui lui disent qu'il peut partir, je suis surpris. Lança un autre.

Comme une caméra postée à un lieu inattendu, je suivais tout, le verbal et le para-verbal. J'avais aperçu à cet instant mon cousin et mon frère Sékou à quelques mètres de la cour. Leurs regards étaient dirigés vers l'assemblée. Mon cousin exprimait des coups de joie que je n'appréciais pas. Je ne comprenais pas pourquoi quelqu'un pouvait se réjouit de la mise en œuvre d'un complot contre son parent à moins qu'il en fasse partie. C'était très clair à présent.

Le lendemain de cet événement, le vieux m'avait trouvée sur la petite terrasse avec des papiers.

- Fatou, regarde ça !
- Il y a des noms auxquels on a attribué un nombre de bœufs.

En regardant le papier, j'avais un air de désintérêt. Je ne voulais pas me mêler de ces choses-là. Voyant mon engouement au rabais, il récupéra ses papiers et lança :

- Tchuuruuuuu !
- Bah est fâché.

Ils avaient fait fuguer Baba, lui qui était plus déterminé à aider le vieux. Suite au désintérêt de Sékou il s'était focalisé sur son petit-frère pour mener ses activités. Voilà que Baba fut l'objet de méchancetés qui l'éloigna de la maison.

Quelques mois plus tard, le vieux reçut un coup de fil :

- Allô, Bonjour « olièw ».
- Bonjour
- « Olièw », Colonel Sékou vient d'être calciné dans un accident. Il était avec quelques membres de sa famille.

L'homme au bout du fil était très bouleversé. Il ne parvenait pas à se contenir. Le vieux voulait savoir qui lui partageait une telle information et pourquoi ?

- Qui est-ce ?

L'homme raccrocha aussitôt son téléphone. Apparemment, il ne souhaitait pas que Bah découvre son identité. Etait-il présent le jour de la rencontre de l'humiliation ? Son comportement le démontrait assurément. Quelques semaines après, il apprit encore le décès de Kalamogo Cissé. Plusieurs appels téléphoniques s'en étaient suivis.

- Allô, « olièw » ils sont en train de suivre ceux qui ont essayé de te faire tomber.
- Et, selon toi c'est moi qui suis l'instigateur ?
- Ah, « olièw » !

- Retiens bien que moi Mama je ne fais de mal à personne. Ceux qui s'attaquent à moi ne sont que victimes de leurs propres actions.

Un autre appel où un homme indiquait qu'il n'y était pour rien.

- « Olièw, je ne fais pas partie de ceux qui ont voulu t'humilier. Pardonne-moi « Olièw » ! Je n'ai rien à voir avec cette histoire.
- Qui est-ce ?

Un silence régna. Ils appelaient pour supplier le vieux de leur pardonner sans toutefois décliner leur identité. Même le chef des « dozos » s'introduisit clandestinement chez mon père tard dans la nuit pour lui adresser son mea culpa. Il avait raconté à mon père comment il avait été embobiné par Colonel Sékou.

- « Olièw », pardonne-moi car je cherchais ma tête.
- Si tu ne te reproches rien, tu n'as aucune raison d'être craintif. Moi Mama je ne fais de mal à personne. Ceux qui s'attaquent à moi ne sont que victimes de leurs propres actions…

La sérénité du vieux déstabilisait ses ennemis. J'adorais cette posture parce que s'il avait proféré des paroles méchantes ce jour-là, on aurait soutenu qu'il avait pris sa revanche sur ses farouches adversaires. D'ailleurs les réactions des uns et des autres l'attestaient déjà.

Bah m'avait dit qu'après avoir utilisé certaines potions, il ne fallait pas prononcer de mauvaises paroles car elles se concrétiseraient dans la réalité. Il m'avait donné des potions en insistant largement sur ce fait.

- Fatou, si tu laves ces potions, évite de prononcer de mauvaises paroles ni contre toi-même, ni contre les autres. Si tu es en colère et que tu ne peux te retenir, ne dis rien car si tu le fais cela se concrétisera dans la réalité. Et si tu n'y prends garde, les gens risquent de te traiter de sorcière.
- Compris Bah, je vais essayer.
- N'essaie pas, il faut le faire. Dans le cas contraire, je vais les reprendre.
- Non Bah, je ferai comme tu as dit.

J'avais utilisé ces plantes réputées en suivant scrupuleusement les indications du vieux. Cependant, au fil du temps je les observai plus à cause de la lassitude de pouvoir se contenir face à des situations d'injustice flagrante.

J'avais été proposée pour être la gérante de fonds de tontine dans mon quartier à Abidjan. Tout se passait bien jusqu'au jour où l'une des membres contesta mon encaissement. Elle soutenait avoir payé pour le mois, alors qu'il n'en était rien. Pour lui montrer ma bonne foi, je lui présentai le carnet y compris le calendrier afin qu'elle se rende compte qu'elle s'était trompée, mais ce fut une peine perdue.

Je fis alors appel au témoin qui avait suivi toute la scène ce jour-là. Elle arriva et confirma en retour mes propos. La dame se résigna alors en reconnaissant son tort. Peu après, sa voisine se rendit chez moi afin de colporter des propos qui sapaient mes efforts de probité.

- Fatou, Léïla raconte toujours qu'elle a payé et que tu t'es arrangée à lui faire payer doublement.
- Que dis-tu ? Je désapprouve ce genre de comportement. Je vais la voir sur-le-champ.
- Non, pardon n'y vas pas sinon je risque d'être éclaboussée. Je n'aurais vraiment pas dû te le dire.
- J'ai mal et tu me demandes de laisser tomber. D'accord, si c'est à cause de moi qu'elle a quitté le Niger, elle y retournera sans même dire au revoir.
- Calme-toi ! J'ignorais que tu réagirais de la sorte.
- Je ne peux pas accepter qu'elle remette ma probité en cause.

Deux jours plus tard, je trouvai la dame en train de préparer ses bagages pour rentrer dans son pays. J'ignore ce qui s'était passé, mais l'évidence était sous mes yeux. C'est en ce moment que je me rappelai les mises en garde du vieux. Du coup, un sentiment de tristesse m'envahit le cœur. Je ne savais pas comment retirer mes paroles à son endroit.

Je constatai à plusieurs reprises la concrétisation de mes propos véhéments dans la réalité. J'avais même surpris des collègues raconter que j'étais une sorcière. Je commençai, dès cet instant, à faire très attention à mes dires. Je me rendis compte que les avertissements de

Bah trouvaient sens. Je compris que la parole devait être bien réfléchi avant d'être conduit dans un canal.

D'aucuns se plaignaient que mon père ne partageait guère son savoir. Pourtant, ils ignoraient que la transmission du savoir avait ses conditions qu'il fallait scrupuleusement respecter. Un homme m'avait accostée à l'entrée du palais de justice de la ville.

- Bonjour Fatou, comment vas-tu ?
- Bonjour grand-frère, je vais bien.
- Comment va le vieux ?
- Oui, il se porte bien. Tu es carrément porté disparu. Pardon, vas saluer mes mamans, cela ne te coûtera rien.
- Humm, en fait, j'ai passé quelques années à courir en vain après le vieux afin qu'il me partage un de ses savoirs. Cependant, je n'ai pas réussi à perforer ce secret.
- Le vieux sait ce pourquoi tu le fréquentais, tout comme il sait pourquoi il ne t'a pas fait découvrir le trésor que tu recherchais.
- Tu as peut-être raison. Que fais-tu ici ?
- Je suis venue récupérer mes documents.
- D'accord, transmets-lui mes salutations !

Mon père cherchait parmi ses enfants celui qui avait une capacité d'endurance et de tolérance pour supporter le poids de sa connaissance. Une personne non endurante apprécie moins tous les efforts qui sont susceptibles de la conduire vers le bien précieux…

En cueillant des mangues, Kolotioloma découvrit une amulette nouée sur une branche. Il accourut vers mon père :

- Bah, Bah, il y a une amulette sur l'une des branches du manguier qui se trouve vers la petite terrasse.

- Défais-la et emmène-moi !

Aussitôt dit, aussitôt fait. Kolotioloma revint quelques instants après avec l'amulette. Sur ordre du vieux, il l'ouvrit. Des incantations combinées à des signes hiéroglyphiques y étaient inscrites.

- Qui est-ce qui est l'auteur d'une telle manœuvre ?

- Ah, j'ignore, mais apparemment ce ne sont pas de bonnes intentions qui ont animées cette personne.

- Cela se saura.

Ce qui était inscrit sur la feuille ayant servi à la fabrication de l'amulette était des symboles de la division et de la désunion. L'instigateur ressemblait à ces personnes narcissiques et égocentriques qui ne trouvaient leur plaisir que dans la souffrance et le malheur des autres.

Le vieux savait qui avait posé un tel acte. Il fit appeler l'auteur de cette fronde. « Ah bon ! Ton objectif est-il de créer la désunion dans ma cour ? Je veux bien savoir ce que tu y gagnerais. Comment ai-je pu m'entourer de mes propres ennemis de la sorte ? Tu ferais mieux de trouver un mari que de t'adonner à des actes qui n'honorent guère ta féminité », tonna-t-il.

L'instigateur de cette manœuvre était une fois de plus l'une de mes sœurs. Démasquée, elle s'était plongée dans un silence qui attestait de sa culpabilité. Elle était submergée par la jalousie et la haine, n'étant jamais satisfaite du bien qu'elle possédait. Elle était non seulement envieuse, mais aussi elle ne supportait pas de voir les autres heureux.

Elle n'avait de besogne que de parcourir les charlatans et féticheurs de la ville en vue de satisfaire son dessein malsain. Parfois, elle se rendait dans des contrées lointaines pour le même objectif. Elle y allait très souvent avec ses victimes pour s'assurer que les signes du charlatan étaient concordants. Pour éviter les soupçons, elle pratiquait ses sortilèges sur des chawarmas et les faisait consommer par ses victimes.

Baba l'avait surprise en train de faire des incantations sur du chawarma dans sa chambre. Il avait aussitôt rebroussé chemin comme s'il n'était jamais passé par-là. Quelques instants après, elle le rechercha pour lui offrir le chawarma ensorcelé.

- Baba, Baba ! Où est-il Baba ?
- Dites-lui que vous ne m'avez pas vu ! Murmura le jeune-homme aux enfants à l'arrière-cour.

Baba avait compris qu'il ne pourrait pas lui résister en refusant son cadeau empoisonné, raison pour laquelle il se baugea derrière le mur. Ne le voyant pas, elle remit donc le chawarma à ma petite sœur en insistant qu'il était destiné à Baba. Lorsque cette dernière déposa le morceau de pain entre les mains du jeune-homme, il se dirigea vers la poubelle et le jeta subitement.

Une autre fois, elle ramena deux canaris à la maison et obligea mes frères à se laver avec tout son contenu. Elle leur avait expliqué que c'était pour leur propre protection. A tour de rôle, chacun entrait dans les toilettes et lavait le médicament sous son regard bienveillant. Seul Kolotioloma avait échappé à cette manigance. Ma mère s'était absentée ce jour-là pour son commerce au marché.

A son retour, je m'empressai pour lui apprendre ce dont mes yeux avaient été témoins. Elle fut scandalisée, que pouvait-elle faire ? Sa naïveté avait fini par avoir raison d'elle. Sa conception très simpliste de la vie l'avait rendue impuissante face à plusieurs circonstances de la vie…

- Tu crois que tout le monde te ressemble. Ce n'est pas parce que tu ne fais de mal à personne que les autres ne te feront de mal en retour. Ce monde est cynique et il faut absolument protéger tes enfants.
- Hé Fatou, je vais faire comment ? Je me suis confiée à Allah « Waïdou massa[24] », ainsi que mes enfants. Je n'ai jamais dépensé ne serait-ce qu'un centime chez des charlatans pour détruire mon prochain. Dieu étant un Dieu de justice, il

[24] Terme pour évoquer l'unicité de Dieu.

n'accepterait pas que quelqu'un m'anéantisse avec ses pratiques occultes.

- Bien sûr que Dieu est très juste. Cependant, il ne faut pas demeurer dans la passivité en remettant tout sur le compte de Dieu.
- Que dois-je faire alors ?
- Il faut être plus regardant sur certains aspects. N'accepte pas qu'on gâche la vie de tes enfants de ton vivant. Tu peux t'opposer à certains actes qui frisent l'occultisme vis-à-vis de tes enfants. Tu laisses faire toutes ses choses, pourtant tu aurais pu intervenir.
- Mes interventions risquent d'être interprétées dans le mauvais sens. C'est pourquoi, je m'en remets à Dieu.

Son sens de l'altruisme était élevé. Sa compréhension de la famille était plus élargie. Elle se préoccupait plus des ressenties des autres plus que de ce qu'elle-même pouvait ressentir. Elle n'était ni égoïste, ni cynique. Parfois, je me surprenais en train de soliloquer à son encontre. Ma mère m'avait toujours épatée par ses réactions. Plus rien ne m'ébouriffait désormais car il ne suffisait pas d'être bon pour échapper à la méchanceté de l'homme.

Cette grande sœur avait eu énormément de chance parce que le préfet de Korhogo avait promis à Bah de prendre en charge toutes ses études. Elle était en ce moment en classe de 4ème au Collège moderne de Korhogo. Le vieux était soulagé de nombreuses charges que certains de ses visiteurs se portaient volontaires de supporter. Grâce à ses pouvoirs de guérisons et ses nombreux services, il réussit à tisser de très bonnes relations qui lui attiraient de nombreux soutiens financiers, matériels et même physiques.

Table des matières

Printed by Books on Demand GmbH, Norderstedt / Germany